AF273803

PAUTAS REALES PARA MADRES Y PADRES REALES

Amat Editorial, sello editorial especializado en la publicación de temas que ayudan a que tu vida sea cada día mejor. Con más de 400 títulos en catálogo, ofrece respuestas y soluciones en las temáticas:

- Educación y familia.
- Alimentación y nutrición.
- Salud y bienestar.
- Desarrollo y superación personal.
- Amor y pareja.
- Deporte, fitness y tiempo libre.
- Mente, cuerpo y espíritu.

E-books:
Todos los títulos disponibles en formato digital están en todas las plataformas del mundo de distribución de e-books.

Manténgase informado:
Únase al grupo de personas interesadas en recibir, de forma totalmente gratuita, información periódica, newsletters de nuestras publicaciones y novedades a través del QR:

Dónde seguirnos:

 | @amateditorial

 | **Amat Editorial**

Nuestro servicio de atención al cliente:
Teléfono: **+34 934 109 793**
E-mail: **info@profiteditorial.com**

Isabel Bermúdez Hernández

PAUTAS REALES PARA MADRES Y PADRES REALES

Claves para afrontar la crianza y cuidar la salud mental de tus hijos

Amat
editorial

© Isabel Bermúdez Hernández, 2026
© Profit Editorial I., S.L., 2026
   Amat Editorial es un sello de Profit Editorial I., S.L.
   Travessera de Gràcia, 18-20, 6° 2ª. 08021 Barcelona

Diseño cubierta: XicArt
Maquetación: Fotocomposición gama, sl

ISBN: 978-84-10451-56-8
Depósito legal: B 2906-2026

Impreso por Gráficas Rey
Impreso en España – *Printed in Spain*

No se permite la reproducción total o parcial de este libro, ni su incorporación a un sistema informático, ni su transmisión en cualquier forma o por cualquier medio, sea electrónico, mecánico, por fotocopia, por grabación u otros métodos, sin el permiso previo y por escrito del editor. La infracción de los derechos mencionados puede ser constitutiva de delito contra la propiedad intelectual (Art. 270 y siguientes del Código Penal).
Diríjase a CEDRO (Centro Español de Derechos Reprográficos) si necesita fotocopiar o escanear algún fragmento de esta obra (www.cedro.org; teléfonos: 91 702 19 70 – 93 272 04 45).

Índice

Introducción

Llevaba unos años con este libro en mente, que nació de una necesidad o, mejor dicho, de varias necesidades. Tenía algo en mi cabeza que no podía silenciar. Cuando me metía en la ducha o me acostaba en la cama y podía disfrutar de algún momento de silencio, empezaba a dar forma a diálogos en mi cabeza. Incluían explicaciones dirigidas a alguna madre o padre sobre la conducta de sus hijos, o bien posibles reacciones ante diversas situaciones cotidianas con niños. Me di cuenta de que esos pensamientos necesitaban salir; no solo en consulta, sino que necesitaba escribirlos para que llegaran a más personas y poder ayudar, más allá de la práctica clínica, a que madres y padres alcanzaran el mayor bienestar posible en la crianza.

Desde que empecé a atender a familias, muchos padres me decían que les gustaría tener alguna guía en casa para saber cómo actuar frente a determinadas situaciones de las que nadie les había advertido. O bien, para ayudarlos a cambiar antiguos patrones de educación con los que no estaban de acuerdo, pero que habían adquirido por puro aprendizaje e imitación de sus propios padres.

Siempre se suele decir que a uno le ha tocado la peor época para la crianza por diversas circunstancias. Está claro que no podemos comparar la actualidad con los tiempos que vivieron nuestros abuelos en situaciones de guerra. O, si vamos mucho más atrás en el tiempo, si la comparamos con la Edad Media o más allá. ¿Te imaginas cómo debe ser criar niños mientras se trata de huir de los leones? Está claro que las preocupaciones y las prioridades han ido cambiando y evolucionando (se supone que a mejor), pero es indiscutible que los padres y madres de hoy en día andamos desbordados, lo que me hace recordar el título de la famosa película de Almodóvar: *Mujeres al borde de un ataque de nervios.*

Hay días en que tenemos la sensación de estar sobrepasados, en una carrera constante, cuando parece que nuestros hijos no nos lo ponen nada fácil. Podemos llegar a pensar que cuando estamos así es cuando peor se portan. Y es que no es solo una sensación: por la actuación de las neuronas espejo, cuanto más alterados, nerviosos o preocupados estemos, mejor trasladaremos sin querer esa inquietud a nuestros hijos. Lo que ocurre es que ellos lo expresan de otra manera. En vez de decirnos «Mamá, me siento inquieto», empiezan a correr, gritar o llevarnos la contraría. Muy a menudo así es como expresan su estado emocional.

Igual o peor que sentirse sobrepasado es el sentimiento de culpabilidad. En mi consulta me encuentro con padres y madres agobiados por pensar que no lo están haciendo bien y que les están fastidiando la infancia a sus hijos, por lo que se culpabilizan a sí mismos. Este pensamiento les hace sufrir y, mezclado con la creencia de que ya no saben qué más pueden hacer con sus hijos o hijas, es una bomba de relojería, tanto para sí mismos como para la dinámica familiar. La buena noticia es que lo están haciendo bien, están haciendo lo más importante, que es preocuparse por el bienestar emocional de sus hijos y querer mejorar su relación con ellos.

Muchas de las frustraciones que veo a menudo se derivan de las expectativas que tenemos acerca de lo que creemos que debería de ser una buena madre o buen padre, y de cómo se debería de comportar nuestro hijo. Sin embargo, la realidad es bien diferente. Perseguimos unos estándares demasiados altos, irreales. ¿En qué consiste para ti ser una madre perfecta? ¿Se puede ser perfecta? No olvides que lo estás haciendo lo mejor que puedes dadas tus circunstancias, lo cual ya es bastante. Pero recuerda que es imposible abarcarlo todo. Con respecto a tus hijos, ¿cómo crees que se deben de comportar? ¿Tan raro es que no siempre hagan caso ni obedezcan a la primera, que no tengan ganas de jugar a todas horas y que no protesten cuando se les dice que hagan algo que no les gusta? Por supuesto que no, pero hay que recordar que un niño debe de ser un niño, pues el cerebro no llega a su pleno desarrollo hasta casi los treinta años, por lo que es esperable que no podamos razonar con ellos al nivel que queremos, que tampoco lleguen a las mismas conclusiones que nosotros y que sus prioridades sean completamente distintas a las nuestras. De hecho, en la etapa infantojuvenil, cada franja de edad tiene sus propias características y prioridades, por lo que lo esperable es que un niño o niña de cuatro años solo quiera jugar y explorar, aunque para ello infrinja alguna de nuestras normas familiares, o que un adolescente de quince años prefiera hablar con sus amigos en vez de hacer «cosas aburridas» con sus padres.

La presión social es otro factor que nos puede hacer mucho daño y, a veces, contribuimos nosotros mismos a ella. Antes de dar una opinión, por muy bien intencionada que esté, piensa que solo esos padres son los que conocen bien a sus hijos y sus circunstancias. Esas opiniones pueden venir de la propia familia, de padres o madres de compañeros del colegio de nuestro hijo, de vecinos... Si recibes este tipo de comentarios, piensa que esas personas no están viviéndolo todo ni están metidas en la dinámica familiar. No dejes que te afecten tanto, pues al fin y al cabo a mucha gente le gusta opinar sin más.

Desde luego, lo más importante es que le digas a tu hijo que lo quieres. Dale un buen abrazo con frecuencia, incluso cuando estés enfadado con él, pues solo así se sentirá querido y reconfortado. Esta frase que todos hemos escuchado o leído alguna vez acerca de la crianza cobra un sentido casi literal: «Quiéreme cuando menos lo merezca porque será cuando más lo necesite».

Vivimos en una sociedad dependiente de la inmediatez, la comparación constante y el juicio rápido. Las redes sociales nos muestran solo fragmentos cuidadosamente seleccionados de la vida de otras familias, por lo que es fácil caer en la trampa de pensar que los demás lo están haciendo mejor, que sus hijos se comportan mejor o que ellos se sienten menos cansados. Pero no es así. Lo que ves en redes no es la realidad completa: detrás de cada madre sonriente y cada padre paciente también hay días de gritos, de llantos a escondidas y de sentirse perdidos. Es normal, nos pasa a todos. La diferencia estriba en que algunos lo comparten y otros lo ocultan. Recuerda: a nadie le va todo genial.

Precisamente por todo esto he querido escribir el libro que tienes en las manos: para acompañarte en esos días en los que sientas que no puedes más, en los que no entiendas a tu hijo, en los que te preguntes si lo estás haciendo bien. No estás sola, no estás solo. A lo largo de estas páginas vamos a recorrer juntos muchos de esos momentos difíciles o retos que forman parte de la crianza día tras día. Vamos a hablar de rabietas, de miedos, de cambios importantes, de relaciones familiares, de emociones, de rutinas... y también de ti, porque cuidar de ti es parte esencial del cuidado que les prestas a tus hijos. Este libro no es una receta mágica ni una fórmula infalible. Es una guía realista, empática y respetuosa para ayudarte a transitar con más conciencia, calma y comprensión esta etapa tan intensa y transformadora. Espero que te sientas acompañado en cada capítulo y que encuentres aquí no solo respuestas, sino también alivio, esperanza y, sobre todo, una mirada más amable hacia ti como madre o padre. Porque **lo estás haciendo mejor de lo que crees**.

Agradecimientos

«Ser agradecida» es uno de mis lemas de vida. Ahora que tengo la oportunidad de escribir estas palabras en mi primer libro, quiero dar las gracias a todas las personas que han pasado por mi consulta y han confiado en mí. Cada una de ellas ha contribuido a que hoy esté aquí, con más ganas que nunca de seguir ayudando y acompañando a más familias.

Gracias a mi hija, mi mayor fuente de inspiración. Desde que llegaste, mi vida dio un giro y no paro de aprender.

Gracias a mi madre, por su valentía, su coraje y su espíritu de lucha, que tanto admiro. Y, por supuesto, por todo el amor que me da.

A Vanesa, compañera y amiga, por creer en mí desde siempre.

Y, por supuesto, a ti, Iván, mi marido: gracias por tu apoyo incondicional, por tu ayuda y por poner tanta ilusión en mis proyectos, como si fueran tuyos. Siempre te lo digo y nunca me canso.

Gracias.

CAPÍTULO 1

Principios básicos de la crianza

A lo largo de los años, habiendo pasado familias de todo tipo por mi consulta, he llegado a una conclusión que cada vez tengo más clara: existen ciertos pilares que son esenciales en la crianza. Los llamo «principios básicos» porque, cuando alguno de ellos falta, por más pautas, herramientas o consejos que se sigan, los cambios no terminan de asentarse. Y lo que es más frustrante para muchas madres y padres: el malestar vuelve a aparecer poco tiempo después.

En este capítulo no plasmo reglas rígidas ni fórmulas mágicas. Veremos actitudes fundamentales que, cuando se incorporan al día a día, transforman la convivencia, fortalecen el vínculo entre padres e hijos y ofrecen una base emocional más sólida para su desarrollo.

Tampoco pretendo con estos principios que lleguemos a ser padres perfectos. Nadie lo es: ni tú ni yo ni nadie, ni es lo que nuestros hijos necesitan. Lo que realmente necesitan es un adulto disponible, que esté dispuesto a crecer con ellos, a equivocarse y volver a intentarlo, a apoyar con paciencia incluso cuando todo se complica; y sé por experiencia que a veces todo se complica demasiado.

Criar es una experiencia de transformación para todas las personas implicadas. Los niños aprenden a conocerse, a convivir, a expresar lo que sienten..., pero nosotros también nos formamos como madres y padres. En el proceso, muy a menudo nos toca revisar nuestras propias heridas, dejar de lado expectativas que no se ajustan a la realidad y atrevernos a hacerlo de manera distinta de como lo hicieron con nosotros.

No es cuestión de hacerlo todo bien, sino de estar presentes. De observar con atención, pedir perdón cuando nos equivocamos y recordarles a nuestros hijos (con palabras y gestos cariñosos) cuánto los queremos. **De aceptar que cada día es una oportunidad nueva para hacerlo un poco mejor que el día anterior.**

Lejos de ser una meta que se alcanza, estos principios son más bien un camino. Uno que se recorre paso a paso, con momentos de duda, tropiezos, cansancio..., pero también con instantes de ternura, orgullo, conexión y una alegría que solo entiende quien acompaña a un niño en su crecimiento.

Pero, antes de meternos de lleno con estos principios tan necesarios, te quiero hablar sobre la importancia que tiene la etapa de la primera infancia en la crianza.

¿POR QUÉ LA PRIMERA INFANCIA ES CLAVE EN LA CRIANZA DE LOS HIJOS?

Los años de primera infancia, desde el nacimiento hasta más o menos los seis años, son una etapa crucial porque durante este periodo se sientan las bases del desarrollo emocional, social y cognitivo del niño. Aunque este libro se centra en menores de hasta ocho años, es importante destacar que lo que se construye en la primera infancia influye de manera profunda en los periodos posteriores. Muchas de las estrategias y principios que veremos se pueden aplicar tanto a los niños pequeños como a los que ya están en Primaria; se trata de un proceso continuo.

El cerebro de los niños en estos años es increíblemente plástico y receptivo. Se forman conexiones neuronales a un ritmo vertiginoso y las experiencias que viven, las emociones que sienten y las interacciones que tienen con los adultos moldean su estructura cerebral. Cada respuesta cariñosa, cada límite impuesto con coherencia y cada momento de atención consciente ayudan a fortalecer estas conexiones al fomentar su capacidad para regular emociones, aprender habilidades sociales y enfrentarse a desafíos futuros con seguridad.

Como madre y psicóloga, he observado en mi consulta y según mi propia experiencia que cada gesto, cada palabra de aliento y cada momento de escucha atenta dejan una huella duradera. Un abrazo, un «gracias» o un «lo siento» se convierten en enseñanzas que los niños incorporan y moldean su manera de relacionarse con los demás y consigo mismos.

Las niñas y niños hasta los ocho años muestran una receptividad extraordinaria. Aprenden a imitar conductas, percibir emociones y construir un lenguaje afectivo a partir de lo que ven en sus referentes. Nuestra manera de manejar las emociones, de resolver conflictos y de cuidarnos también forma parte de ese aprendizaje.

Acompañar a los niños requiere constancia, coherencia y cariño. La calidad de nuestra atención tiene más peso que la cantidad de tiempo que compartimos con ellos; un momento vivido con conciencia plena y respeto aporta mucho más que horas de presencia distraída.

Comprender la relevancia de esta etapa permite considerar los principios básicos de la crianza como herramientas prácticas. Aplicarlos desde la primera infancia y mantenerlos hasta los ocho años fortalece los vínculos, fomenta la confianza y proporciona una base sólida para todo el resto de la infancia.

PRINCIPIOS BÁSICOS DE LA CRIANZA

1.º Ten paciencia

Parece obvio, ¿verdad? Sin embargo, es una de las cosas que más cuesta. En un mundo acelerado, donde todo lo queremos resolver con rapidez y donde muchas veces no tenemos margen ni para respirar, **olvidamos que los procesos de desarrollo infantil requieren tiempo**.

No podemos pretender que un niño aprenda a gestionar sus emociones en una tarde ni que acepte con alegría cada límite que le ponemos (más bien ocurrirá lo contrario). Repetirle una instrucción diez veces no significa que esté desobedeciendo por maldad, sino que su cerebro aún no está preparado para procesar, anticipar o autorregularse como lo haría un adulto.

A veces esperamos que nuestro hijo de cinco años actúe con la lógica de un adulto..., pero su cerebro aún está «en construcción». De hecho, el área que planifica y controla los impulsos no termina de desarrollarse hasta la adolescencia. Por eso, cuando tu hijo no se anticipa a las consecuencias o necesitas repetir muchas veces una indicación, no es por desobediencia, sino porque todavía está aprendiendo.

La crianza no es una carrera de velocidad. Es una maratón y, en ese camino, la paciencia será tu mejor aliada. Así que mejor ir poco a poco.

2.º Muestra empatía

Uno de los mayores regalos que puedes hacerle a tu hijo es tratar de comprender el mundo poniéndote en su lugar. Y no, eso no significa justificar cualquier conducta. Implica **entender desde dónde actúa, qué siente y qué necesidades tiene**.

Cuando mi hija tenía seis años, recuerdo que algunas veces yo pensaba: «Si es tan lista, ¿cómo puede hacer algunas cosas tan bien y luego no entender cosas tan simples?». Me frustraba. Hasta que un día me imaginé que ella llevaba en la frente un pósit que decía: «Solo tiene seis años». Y algo cambió. Esa pequeña afirmación me ayudó a hacer aterrizar mis expectativas, a recordarme que seguía siendo una niña y que mi trabajo era guiarla, no exigirle que pensara o actuara como un adulto de pequeño tamaño.

Los niños no manipulan, como muchos creen. Reaccionan con sus propias emociones, teniendo en cuenta sus necesidades insatisfechas y su etapa evolutiva. Si entendemos esto, dejamos de creer que se trata de maldad o desobediencia y empezamos a ver una oportunidad de acompañar. En la consulta, gran parte de mi trabajo consiste en hacer comprender esto a las madres y los padres que vienen, enseñarles lo que es propio de esa etapa en la que se encuentra y que muchas de las conductas que a ellos tanto les preocupan de su hijo son completamente normales.

Un estudio publicado en 2017 por Davidov *et al.* en la revista *Developmental Psychology* puso de manifiesto que los padres que desarrollan una mayor empatía hacia sus hijos tienden a tener niños con una mejor regulación emocional, menos conductas problemáticas y un mayor bienestar general. Es decir, la empatía no solo fortalece el vínculo, sino que tiene un impacto directo en el desarrollo emocional del niño.

3.º Maneja de forma adecuada la frustración propia

Este principio está más dirigido a nosotros, los adultos. Porque sí, criar es duro. Porque hay días en los que no puedes más. Porque no siempre sabes qué hacer, lo que es desesperante. En ocasiones he visto a niños frustrados llorando porque les dijeron a algo que no, es decir, les pusieron un límite. Sin embargo, al observar a los padres en ese momento me he dado cuenta de que a veces es mayor la frustración de los padres cuando ven al niño llorar que la del propio niño.

No olvides que, cuando tu hijo llora, grita o protesta, no está intentando hacerte daño ni tampoco se está muriendo. Está intentando gestionar un mundo que le queda grande. Tú también protestabas de pequeño, aunque quizás por miedo a la crianza de aquella época no se te oía mucho. Y es que, aunque duela, poner límites y corregir comportamientos es parte de tu tarea como madre o padre. Su tarea, en cambio, es probar, explorar, equivocarse... y, sí, también protestar. Si no lo hiciera, probablemente deberías preocuparte.

Criar no va de evitar que los niños se frustren, sino de enseñarles a tolerar esa frustración. Y, para eso, el primer paso es aprender a tolerarla tú. ¿Cómo? **Tomando distancia, recordando que no es algo personal y, sobre todo, pidiendo ayuda cuando la necesites.**

4.º Ofrece tiempo y conexión

Los niños no necesitan que estés con ellos todo el día, pero sí que el tiempo que pasas con ellos sea de calidad: no estés con el móvil en la mano ni pensando en mil cosas a la vez. Deja de lado un rato el reloj y dedícales tu atención plena. Ellos se dan perfectamente cuenta de cuándo estás conectado con ellos o de cuándo estás pensando en mil cosas a la vez.

¿Te has dado cuenta de que la mayoría de los conflictos en casa surgen cuando se va justo de tiempo? Cuando hay prisa para vestirse, para salir, para bañarse, para cenar. Si pudieras sumar todos los minutos que inviertes en peleas diarias por ir más rápido, verías que no ganas tanto tiempo. Es más, muchas veces lo pierdes... y desgastas la relación con tu hijo.

Una misma situación, vivida con más tiempo y calma, suele tener resultados completamente distintos.

Mi consejo es que busques cada día un momento, por breve que sea, para estar con tu hijo y no hagas nada más. Solo estar, mirarlo, escucharlo, jugar, leerle un cuento. Ese ratito vale más que mil regañinas, correcciones o explicaciones.

5.º No proyectes en tu hijo tus anhelos o tu forma de ser

A menudo, sin darnos cuenta, criamos con la expectativa de que nuestros hijos se parezcan a nosotros: que tengan nuestras mismas ideas, nuestra forma de comportarse, nuestra sensibilidad, incluso nuestros valores o carácter. Queremos que sean tan «buenas personas» como creemos que lo somos nosotros, que actúen con la misma empatía, responsabilidad o madurez. Pero olvidamos algo importante: no son nosotros, ni tampoco nosotros somos perfectos. Somos personas distintas, con un temperamento, un ritmo, una visión del mundo y una manera de ser propios.

Proyectar en ellos lo que creemos que «deberían ser» en lugar de acompañarlos para que descubran quiénes son puede generar mucho malestar, tanto para nosotros como para ellos. Nos frustra cuando no actúan como esperamos y a ellos les genera confusión o inseguridad porque sienten que no cumplen con lo que creemos que deberían ser.

Esto no significa que no debamos transmitir valores. Por supuesto que sí. Pero mediante ejemplos, diálogos, con confianza. No mediante la imposición o la expectativa de que piensen y sientan igual que nosotros.

Nuestros hijos no han venido a este mundo a cumplir nuestras expectativas. Han venido a desarrollar su propia identidad, por lo que nuestro papel es acompañarlos a construirla, no a reemplazarla con la nuestra.

6.º No actúes guiado por la culpabilidad

Sentir culpa forma parte, de manera natural, del viaje de ser madre o padre. Nos culpamos por no tener suficiente paciencia, por no pasar todo el tiempo que quisiéramos con ellos, por equivocarnos, por haber gritado o por no haber sabido gestionar mejor una situación complicada. Y, aunque es sano reflexionar sobre lo que no ha ido bien, actuar guiado por la culpa rara vez nos lleva a tomar buenas decisiones.

Cuando nos dejamos llevar por la culpa, tendemos a sobrecompensar: cedemos a peticiones que, sin culpa, no consideraríamos adecuadas, evitamos poner límites por miedo a parecer «malos padres» o tratamos de agradar a nuestros hijos en lugar de educarlos con coherencia. Esto, lejos de ayudarles, les transmite inseguridad.

Nuestros hijos no necesitan que todo sea perfecto ni que estemos en todo momento disponibles ni que cometamos error alguno. Necesitan ver que somos humanos, que nos equivocamos, que podemos pedir perdón y, sobre todo, que podemos repararlo y seguir adelante. Esa es la enseñanza más poderosa: que se puede fallar sin dejar de ser valioso ni querido.

Como dice Brené Brown (2015), investigadora sobre la vulnerabilidad y el valor personal: «La culpa es adaptativa, la vergüenza no lo es. La culpa nos empuja a cambiar; la vergüenza nos paraliza». **Porque, cuando educamos guiados por la culpa, lo hacemos también guiados por el miedo, y eso no construye vínculos sólidos.**

7.º Cuida tu bienestar emocional y el de tu pareja

A veces parece que criar significa darlo todo, incluso ponernos a nosotros mismos en último lugar. Pero no debe ser así. Cuidarte no es un lujo, es una necesidad. Y no solo por ti: también por tus hijos. Una madre o un padre que no duerme lo suficiente, que no tiene un espacio para sí mismo, que no se da permiso para desconectar o para cuidarse acaba criando con agotamiento. Y de esta manera es mucho más difícil sostener un tipo de crianza marcada por la paciencia, empatía y claridad.

El autocuidado no significa irte de viaje o a un *spa* (aunque podría valer). Significa darte espacio para respirar, pedir ayuda cuando la necesitas, ponerte límites y proteger tu salud mental. Un café a solas, una caminata, una conversación con alguien de confianza, media hora de lectura o simplemente parar a respirar, todo eso también cuenta. Eso sí, no esperes a estar al límite para hacerlo; intenta integrarlo de forma periódica en tu rutina.

Como señala un estudio reciente de Mikolajczak *et al.* (2018), los niveles de agotamiento emocional parental están directamente relacionados con mayores dificultades en el vínculo y la respuesta empática con los hijos. El cuidado emocional de los padres no es opcional: es parte fundamental del equilibrio familiar.

Y no podemos hablar de bienestar emocional sin incluir la relación de pareja. La crianza no ocurre por ciencia infusa: los hijos crecen dentro de un entorno familiar y uno de sus pilares emocionales es la relación que mantienen sus cuidadores. Cuando la pareja está conectada, se respeta y se apoya, los niños lo sienten. Se sienten más seguros, más tranquilos y más estables. Pero, cuando hay tensión constante, discusiones o desconexión emocional, también lo notan, aunque no se hable de ello abiertamente.

Cuidar la relación de pareja también es parte de criar. No se trata solo de hablar de logística diaria («Acuérdate de que la niña tiene que llevar la camiseta azul»), sino de encontrar momentos reales de conexión, reír juntos, darse afecto, hablar con calma, apoyarse y recordarse que están en el mismo equipo.

No olvides que, **antes de tus hijos, estabais vosotros. Y, cuando ellos crezcan y se vayan de casa, seguiréis estando vosotros**. No descuides ese vínculo. Cuidar de la relación de pareja también es cuidar de la familia.

8.º Establece límites

¿Cómo hablar de principios básicos y no abordar los límites? Es algo fundamental y, sin embargo, hoy en día parece que a los padres cada vez nos cuesta más establecerlos o tenerlos claros; a veces por miedo a hacer daño, por culpa, por temor a que nuestros hijos dejen de quererrnos o, simplemente, porque estamos tan cansados que evitamos el conflicto. Yo diría que en la mayoría de los casos que me encuentro en la consulta es por esto último. Lo cierto es que los límites son una forma de amor.

Poner límites no es castigar ni imponer con dureza. Es decirle al niño: «Hasta aquí es seguro», «Esto te protege», «Esto no está bien y te lo marco para que aprendas a convivir con los demás». Los límites enseñan a vivir en sociedad, a autorregularse, a respetar a los otros y a cuidarse uno mismo. Son la base sobre la que se afianzan la responsabilidad, la tolerancia a la frustración y la capacidad de manejarse en el mundo real.

Un niño sin límites no se siente libre, se siente desbordado. Porque necesita saber que hay un adulto al mando, que hay estructura, que alguien sostiene la base cuando él no puede hacerlo. Los límites dan seguridad, aunque a veces vengan acompañados de llanto o protesta. No temas el enfado de tu hijo cuando le marques un límite: no es señal de que lo estás haciendo mal, sino de que estás cumpliendo tu función.

Recuerda que **un límite es realmente efectivo cuando es claro, coherente y se mantiene en el tiempo**. No sirve de nada decir «Esto no se puede» si mañana sí se puede o si cedemos ante la rabieta. Los niños aprenden más de la constancia que de las palabras.

No confundas poner límites con ser rígido o autoritario. Poner límites es como ser firme con amor; escuchar, contener, explicar..., pero también seguir diciendo no cuando sea necesario. Criar sin límites es como conducir sin frenos: puede parecer que se avanza más rápido, pero acaba siendo más peligroso.

9.º Evita sobreproteger

Hoy en día, muchos estilos de crianza tienden a la sobreprotección. Tal vez porque vivimos en una sociedad que nos recuerda sin cesar determinados peligros o quizás porque, al recordar nuestras propias experiencias de infancia, decidimos que queremos hacer las cosas de manera muy distinta. Y eso está bien, pero solo hasta cierto punto.

Hay algo que debemos tener muy presente: cuando protegemos en exceso, no estamos cuidando, sino limitando. Por intentar evitarles cualquier tipo de malestar, sin darnos cuenta, podemos estar impidiendo que nuestros hijos e hijas desarrollen herramientas fundamentales para la vida. La frustración, el error, el conflicto o la espera también forman parte del crecimiento. Y, si no experimentan todo esto en la infancia, ¿cuándo aprenderán a gestionarlo?

Muchas veces sobreproteger nace del miedo o del deseo de evitarles dolor. Pero ese amor tan intenso también implica aprender a dar un poco de libertad, para que ellos crezcan con confianza. Mamá, papá, sé que es complicado, así que tómalo con calma y ve dejándole dar pequeños pasos.

Criar no significa dejarlos solos ni exigirles como si ya fueran adultos. **Es acompañarlos sin anularlos, darles confianza para que se equivoquen sabiendo que estamos cerca.** Educar es más que allanar el camino: es enseñarles a caminar entre las piedras del camino.

10.º Da muestras de afecto

Este último principio puede parecer el más evidente de todos, pero no por eso merece menos atención. A veces, lo que parece más obvio es precisamente lo que olvidamos con más facilidad en el día a día.

Las relaciones humanas se sostienen gracias al afecto y la que se establece entre padres e hijos no es una excepción. Para nuestros hijos, el cariño no es solo un gesto bonito o un detalle de vez en cuando; es una necesidad emocional básica. Sentirse querido, tratado con ternura, abrazado porque sí, escuchado con atención... Todo eso les da seguridad, les hace sentirse valiosos, dignos de amor y les fortalece la autoestima.

Muchos padres y madres me preguntan en mi consulta si no estarán malcriando a su hijo por abrazarlo mucho, por tomarlo entre los brazos cuando llora o por consolarlo en momentos difíciles. Mi respuesta es siempre la misma: jamás pienses que abrazar a tu hijo es malcriarlo. El afecto no debilita, fortalece. Ya hablaremos más a fondo de esto en la sección dedicada a las rabietas, pero adelanto que **ningún niño crece inseguro por recibir demasiado cariño, pero sí puede crecer con heridas emocionales por no haberle dado apoyo cuando más lo necesitaba**.

El afecto que ofrecemos de forma constante y sincera es lo que crea ese vínculo que sostendrá toda la crianza. Es lo que permitirá poner límites sin dañar, corregir sin herir y acompañar sin romper la conexión. Porque, cuando un niño se siente querido de manera incondicional, todo lo demás resulta más fácil.

RESUMEN

La crianza no es un camino sencillo en el que se vean resultados rápidos. Es un proceso lleno de aprendizajes, gracias al cual nuestros hijos crecen, pero nosotros también. A lo largo de los años, he visto en la consulta que, cuando faltan ciertos principios básicos en la crianza, como la paciencia, la empatía, el manejo emocional, el tiempo compartido o el cuidado de la pareja, el malestar familiar persiste, aunque se apliquen pautas o técnicas concretas.

Recuerda que este capítulo no busca que seamos unos padres y madres perfectos, sino que tomemos conciencia de que lo importante no es hacerlo todo bien, sino estar presentes, con amor, con intención y paciencia. Nuestros hijos no necesitan una versión ideal de nosotros, sino **padres y madres reales, que los miren, los escuchen y los acompañen** con coherencia y respeto.

CONSEJOS PARA MADRES Y PADRES

- **Recuerda que tu hijo es un niño.** No pienses que ya debería comportarse como un adulto. Ajusta tus expectativas a la etapa en la que se encuentre.
- **No olvides que la paciencia se entrena.** Respira antes de responder, date unos segundos y recuerda que educar no es algo urgente y puntual, sino constante.
- **Ten en cuenta tus emociones.** Si estás agotado o frustrado, es más difícil actuar con calma. Tu autocuidado también forma parte de la crianza.
- **Cuida tu relación de pareja.** Es el pilar emocional de la familia. Un entorno armonioso se traduce en hijos más seguros.
- **No eduques guiado por la culpa.** Equivocarte no te hace mal padre o madre. Te hace humano. Aprende, enmienda y sigue.
- **No intentes hacer de tu hijo una copia de ti.** Guíalo, acompáñalo y ayúdalo a descubrir quien es, no quien esperas tú que sea.
- **Dedícale tiempo de calidad.** No hace falta que sean horas. A veces, diez minutos de presencia plena valen más que toda una tarde marcada por la distracción.
- **No tengas la expectativa de hacerlo a la perfección, sino de estar presente.** Cuando te equivoques, pide perdón; cuando aciertes, celébralo.
- **Dedícate tiempo a ti también.** Un pequeño paseo escuchando música, un café en un bar bonito o ir a la playa con amistades son momentos valiosos que te aportarán una buena carga de energía y paciencia.
- **Permítele equivocarse.** En lugar de adelantarte siempre a resolverle los problemas o evitarle las frustraciones, acompáñalo mientras lo intenta por sí mismo.
- **Muestra tu cariño cada día, sin condiciones.** Asegúrate de que tu hijo sienta que lo quieres no solo cuando se porta bien o hace lo que se espera.

COMPRUEBA

Marca lo que has puesto en práctica esta semana:

☐ ¿He practicado la paciencia cuando mi hijo ha repetido conductas que me frustran y he recordado que su cerebro aún está en fase de desarrollo?

☐ ¿Me he esforzado por comprender las emociones y necesidades de mi hijo teniendo en cuenta su etapa evolutiva, en lugar de juzgar su conducta de manera aislada?

☐ ¿Estoy aprendiendo a manejar mi propia frustración sin descargarla sobre él?

☐ ¿He dedicado cada día al menos un poco de tiempo de conexión real con mi hijo, sin distracciones?

☐ ¿Le he permitido ser él mismo o ella misma, sin proyectar mis propias expectativas o forma de ser?

☐ ¿He actuado reflexionando y sin culpa cuando me he equivocado o he perdido la paciencia?

☐ ¿He estado incluyendo momentos de autocuidado en mi rutina semanal, sabiendo que estar bien me permite cuidar mejor?

☐ ¿He cuidado la relación con mi pareja o con la otra persona cuidadora, entendiendo que también este aspecto influye en el bienestar de mi hijo?

☐ ¿He evitado sobreprotegerlo y le he permitido que enfrente desafíos apropiados para su edad?

☐ ¿He expresado afecto de forma constante, con gestos, palabras y tiempo compartido, incluso cuando el día ha sido difícil?

CAPÍTULO 2

Gestión emocional

E s importante comprender por qué sentimos lo que sentimos y cómo nuestros hijos e hijas experimentan y expresan sus emociones. En este capítulo queremos entender por qué aparecen emociones como el miedo, la ansiedad por separación, la frustración, la impaciencia o el enfado, y qué hace que se mantengan o se intensifiquen en determinadas situaciones. Algunas veces nos interesará fomentar la regulación emocional y la confianza en nuestros hijos, y otras veces será necesario intervenir para que la expresión de una emoción no derive en conductas inapropiadas. Por ejemplo, podemos querer que nuestro hijo aprenda a que le llegue su turno sin llorar o que gestione la frustración que siente cuando algo no sale como espera. Es posible acompañarlo y enseñarle a manejar estas emociones, pero para lograrlo necesitamos entender cómo funcionan, qué las dispara y cómo podemos guiarlos con calma, empatía y estrategias concretas a fin de que desarrollen herramientas que los acompañen toda la vida. Con todo, **lo más importante es no dejarnos contagiar por sus emociones** y aprender a reconocer y controlar las nuestras para darles apoyo con tranquilidad y coherencia.

NIÑOS IMPACIENTES

Vivimos en una sociedad en la que todo sucede rápido y con escaso esfuerzo. Si quiero ver una serie, hago clic y la tengo al instante. Si me apetece una hamburguesa, la pido por una aplicación y en minutos me llega a casa. Y, si tengo dudas sobre cualquier cosa, basta con buscarlo en internet y obtengo la respuesta inmediatamente.

Aunque esto pueda parecer cómodo y maravilloso, tiene un lado preocupante: estamos perdiendo la capacidad de esperar. Si a nosotros, como adultos, nos supone un desafío mantener la calma cuando tenemos que esperar algo, podemos imaginar lo difícil que puede ser para los niños que están creciendo con esta dinámica y normalizando desde pequeños la inmediatez constante.

Esto lleva a que nuestros hijos sean cada vez más impacientes y exigentes con nosotros, sus padres y madres, reclamando soluciones inmediatas a sus deseos o necesidades. No saben esperar porque pocas veces han tenido que hacerlo. Se acostumbran a conseguir en muy poco lo que quieren, sin la oportunidad de gestionar la frustración que produce la espera.

Además, todos sabemos que la paciencia no es un rasgo que venga de serie en la infancia. Los niños pequeños viven en el momento presente: lo que quieren lo quieren ya. Su cerebro aún no está preparado para proyectarse hacia el futuro ni para calcular el tiempo que falta para algo. Esta forma de percibir el mundo está ligada a su desarrollo evolutivo y tiene mucho que ver con su instinto de supervivencia. No se trata de un capricho ni de mal comportamiento, sino de una respuesta biológica que asegura que sus necesidades sean satisfechas de inmediato para garantizar su seguridad y bienestar (Berk, 2018).

A medida que crecen, los niños empiezan a comprender que las cosas no siempre llegan en el instante en que las piden. Este aprendizaje forma parte de la maduración del cerebro y de la adquisición de la noción de tiempo, un proceso que se va afianzando poco a poco y que necesita de nuestra ayuda y acompañamiento para que se desarrolle de forma saludable (Shonkoff & Phillips, 2000).

Por eso es tan importante entender que su impaciencia forma parte del proceso de crecer y que acompañarlos con empatía, en lugar de frustrarnos o enfadarnos, puede marcar una gran diferencia en cómo aprenden a tolerar la espera y a manejar sus emociones.

«La demora del refuerzo» es un concepto fundamental en psicología que significa saber esperar para obtener una recompensa mayor o mejor más adelante. Diversas investigaciones han demostrado que la capacidad de los niños para retrasar la gratificación está relacionada con mejores resultados académicos, mayor bienestar emocional y una mejor adaptación social a largo plazo (Mischel, 2014).

Por tanto, aprender a esperar no es solo cuestión de paciencia: es un factor clave en su desarrollo emocional y en la construcción de su carácter. En este capítulo abordaremos cómo ayudar a nuestros hijos a desarrollar la habilidad de la paciencia, gestionar su frustración y comprender que no todo puede (ni debe) obtenerse de inmediato.

Caso de Diego

Diego tiene seis años, es curioso y está lleno de energía. Desde que se despierta el día de su cumpleaños, lo único que quiere es abrir los regalos. No entiende por qué tiene que esperar a desayunar o a que llegue toda la familia. Se pone nervioso, pregunta una y otra vez y a veces acaba llorando o enfadado porque no soporta la espera.

Sus padres se sienten desbordados porque esta misma impaciencia aparece en otras situaciones del día a día, como cuando están en la fila del supermercado o cuando piden algo en un restaurante. Les preocupa no saber cómo ayudarle a gestionar la espera sin convertir cada experiencia en una batalla.

¿CÓMO PUEDO AYUDAR A MI HIJO?

Hasta los tres años

En los primeros años, la impaciencia es un rasgo completamente normal porque los niños y niñas todavía están aprendiendo a manejar sus emociones y a comprender qué implica la espera. Es fundamental tener muy presentes sus necesidades básicas: asegurarnos de que estén descansados, bien alimentados y emocionalmente seguros antes de pedirles paciencia. Pequeños juegos que impliquen esperar un momento, como usar un reloj de arena o jugar al veoveo, ayudan a que comprendan que la espera forma parte de la vida. Celebrar cada intento, aunque sea breve, refuerza su confianza y los anima a seguir practicando la paciencia. Los abrazos y la cercanía también son herramientas poderosas para acompañarlos mientras van regulando sus emociones.

De tres a cinco años

Durante la etapa preescolar, los niños comprenden mejor las instrucciones y los tiempos, aunque la impaciencia sigue sin desaparecer, especialmente cuando quieren algo con muchas ganas o se enfrentan a situaciones difíciles. Explicar la espera a través de actividades concretas, por ejemplo, diciéndoles «Primero recogemos los juguetes y después vamos al parque» o «Cuando termine este capítulo del cuento, apagamos la luz», les ayuda a anticipar lo que viene y a sentirse más seguros. Favorecer el esfuerzo y la perseverancia en tareas cotidianas, desde ordenar su habitación hasta participar en juegos o deportes, afianza cada pequeño logro. Darles un papel activo mientras esperan, como dibujar, ayudar en otra tarea o participar en un juego, convierte la espera en algo positivo y les enseña que se puede aprovechar el tiempo.

De seis a ocho años

A medida que los niños entran en la Primaria, desarrollan una mayor capacidad para planificar y controlar la espera, pero todavía necesitan nuestra guía para manejar la impaciencia en situaciones sociales, escolares o familiares. Se pueden introducir estrategias más elaboradas: identificar y nombrar lo que sienten, reflexionar sobre cómo actuar y planificar cómo afrontar la espera. Mantener pequeños desafíos, como retrasar la gratificación, reforzar los esfuerzos y celebrar los logros, les ayuda a consolidar la perseverancia y la resiliencia. Por ejemplo, puedes decirle: «Gracias por tu paciencia mientras hablaba por teléfono, ahora tienes toda mi atención». También se pueden introducir proyectos o actividades más largas que requieran constancia, como juegos cooperativos, manualidades o tareas escolares, combinando supervisión y autonomía. Reforzar cada esfuerzo y celebrar los logros convierte la paciencia en una habilidad que les proporciona seguridad y confianza en sí mismos.

ERRORES COMUNES

- **Apuntarlos a demasiadas actividades.** Algunos niños tienen la agenda tan llena de actividades extraescolares, deberes y compromisos que no tienen tiempo para aburrirse, para jugar libremente o tan solo para descansar. Este exceso de estimulación puede hacer que, cuando tienen un rato libre, se impacienten y no sepan qué hacer con ese tiempo.

- **Darles lo que piden al momento.** Cuando siempre reciben lo que quieren sin esperar, aprenden que sus deseos se cumplen de forma inmediata. Esto no les permite desarrollar la paciencia ni la capacidad de gestionar la frustración. Por lo tanto, aprende a decir: «Sí, pero después de...» o «Claro, cuando termine esto que estoy haciendo».

- **Anticipar algo muy emocionante.** A veces anunciamos con demasiado tiempo de antelación cosas que son muy estimulantes para el niño, como una fiesta o un viaje. Si sabes que tu hijo se suele poner muy nervioso y ansioso ante las expectativas, mejor avísale con un margen adecuado (ni demasiado pronto ni en el último momento) y acompáñalo emocionalmente mientras espera.

- **Mostrarnos inquietos o impacientes.** Si nosotros, como adultos, nos mostramos impacientes o con prisas ante cualquier contratiempo, transmitimos ese mismo modelo a nuestros hijos. Es importante mostrarles que podemos esperar con calma, que no todo es urgente y que a veces las cosas llevan tiempo.

- **No poner límites claros.** Si un niño aprende que insistiendo lo suficiente siempre obtiene lo que quiere, su impaciencia se refuerza. Es fundamental mantener los límites de manera respetuosa pero firme, sin ceder a la presión de su insistencia constante.

RABIETAS EN NIÑOS DE ENTRE DOCE Y TREINTA Y SEIS MESES

Tu bebé es adorable, te derrite con sus gestos y sus ocurrencias. A veces puede ser un poco complicado, sobre todo a la hora de dormir o comer, pero, hasta ese momento, pensabas que podías con todo o al menos ya te estabas acostumbrando. Lo que quizás no te imaginabas era la magnitud de lo que estaba por venir después de cumplir su primer año de vida. Sí, porque las rabietas suelen comenzar entre los doce y los dieciocho meses en algunos niños (los más precoces) y, con frecuencia, alcanzan su punto álgido entre los veinticuatro y los treinta y seis meses.

Antes de tener hijos, cuando oías hablar de las rabietas, seguramente pensabas que sería algo puntual y que, con la paciencia que te caracteriza, podrías atajarlo sin problema. Pero luego la realidad te golpea de frente: ese niño que ayer era tan dulce y cooperativo ahora está gritando en el suelo del supermercado porque no le compras la galleta que quiere. Y ahí es cuando piensas: «¿Cómo un niño tan pequeño puede desestabilizarme tanto?». **Porque, créeme, las rabietas son mucho más duras para los padres que para los propios niños.**

A nivel profesional, lo que más nos suele preocupar no son los niños que tienen rabietas, sino aquellos que no las tienen nunca. Las rabietas son, en realidad, una parte normal del desarrollo infantil. Son la forma en que los pequeños expresan su frustración y su deseo de autonomía en un momento en que todavía no cuentan con las palabras o los recursos emocionales para hacerlo de otra manera.

No olvidemos que el cerebro de los niños y niñas de entre uno y tres años está en plena evolución. La parte emocional está mucho más desarrollada que la racional y, además, muchos todavía no tienen las palabras necesarias para expresar lo que sienten. Por eso es natural que, cuando algo les frustra o no consiguen lo que quieren, reaccionen con una rabieta. Esto no significa que nos estén retando: significa que están aprendiendo a regular las emociones que sienten.

Para ayudarte a interpretar mejor qué puede estar pasando durante una rabieta y cómo responder de manera respetuosa y efectiva, te dejo el siguiente cuadro con algunas de las causas más comunes y lo que tu hijo puede necesitar en cada caso.

¿Qué hay detrás de la rabieta?

Posibles causas	¿Qué necesita el niño?
Está cansado o hambriento.	Descanso, comida saludable y horarios predecibles.
Se frustra porque no logra algo (por ejemplo, no puede ponerse los zapatos).	Ayuda y guía para aprender, con paciencia y validación.
Siente que no tiene control sobre su mundo.	Opciones limitadas: «¿Quieres el vaso azul o el rojo?».
Quiere atención o conexión contigo.	Un momento de juego compartido o contacto afectivo.
Está sobreestimulado o abrumado.	Un espacio tranquilo para calmarse y recomponerse.
Se enfrenta a un límite que no le gusta.	Firmeza y coherencia con cariño (los límites son necesarios).

Diversos estudios lo confirman: según la Academia Americana de Pediatría (AAP, 2019), entre el 60 % y el 80 % de los niños de entre uno y tres años tienen rabietas de manera habitual, por lo que es algo esperable y saludable en su proceso de desarrollo. Un estudio de Potegal y Davidson (2003) demostró que las rabietas son una respuesta normal de los niños al experimentar frustración y no tener todavía la madurez cerebral para gestionarla. Me gusta decírselo a los padres cuando acuden a la consulta por las rabietas, para que comprendan que es parte del desarrollo natural de los niños y no se alarmen.

Lo que quiero decir con esto es que, aunque son agotadoras, las rabietas no son un fallo en la crianza. Son una oportunidad (aunque a veces cueste verlo) para ayudar a nuestros hijos a aprender a gestionar las emociones. Como madre, entiendo de corazón a los padres y madres: nadie está preparado del todo para enfrentarse a la rabieta de su hijo en plena calle. Pero, si entendemos por qué ocurren y cómo acompañarlas, podemos vivirlas con menos culpa y más paciencia. Y, sobre todo, ayudar a que nuestro hijo aprenda a calmarse, poco a poco, de una forma más sana y basada en el respeto.

Caso de Sandra

Sandra tiene veintiún meses y es una niña muy despierta y curiosa. Sin embargo, últimamente parece que todo le molesta. Cada vez que sus padres le dicen que toca vestirse, bañarse o dejar el parque, se cruza de brazos, frunce el ceño y grita «¡No!». Incluso cosas pequeñas, como cambiarle el vaso de color o ponerle la camiseta que no quiere, desatan un gran enfado. A veces, sus padres sienten que están constantemente en lucha con ella y se preguntan si han hecho algo mal.

¿CÓMO PUEDO AYUDAR A MI HIJO?

Hasta los tres años

Queridos padres, la prevención es la clave. ¡La prevención será tu mejor estrategia! Mucho de lo que puede parecer una rabieta descontrolada se puede suavizar o incluso evitar con pequeños gestos diarios. Mantener rutinas claras, anticipar los momentos que suelen generar frustración y asegurarse de que el niño está descansado, alimentado y emocionalmente seguro ayuda a que los enfados se manifiesten de manera más manejable. Preparar al niño para cambios o actividades nuevas con palabras y ejemplos simples también reduce la probabilidad de explosiones emocionales.

Mantener la calma es quizás lo más difícil, pero también lo más importante. Cuando tú te alteras, tu hijo lo percibe y su enfado crece. Mostrarle que todo está bajo control y que sentirse enfadado es normal le ayuda a aprender a manejar las emociones que siente. Tu tranquilidad se convierte en su ancla y, gracias a ella, puedes acompañarlo y sosegarlo sin perder el control.

Es fundamental empatizar con su necesidad de decir no. En esta etapa, tu hijo usa esa palabra para afirmar quién es y marcar su autonomía. Aunque resulte agotador, verlo como parte de su desarrollo esperado cambia la perspectiva: no se trata de un desafío hacia ti, sino de su manera de descubrirse a sí mismo. Mantener límites claros y firmes es igualmente clave. Hay cosas que no son negociables, como la seguridad, la higiene o los horarios, y se comunican mejor con calma y paciencia que con gritos o prisas.

Validar sus emociones y ayudarle a ponerles nombre es otra herramienta poderosa. Puedes decirle: «Veo que te enfada mucho que te quite el juguete, pero es hora de bañarse» o «Veo que estás muy enfadada porque no puedes tener el juguete ahora». Así aprende a conectar lo que siente con palabras, se siente escuchado y comprendido, y poco a poco va aprendiendo a manejar la frustración.

La distracción y el juego también funcionan muy bien. Cambiar de actividad o proponer un juego divertido puede desactivar el enfado antes de que escale. A veces, lo que más ayuda no son las palabras, sino un abrazo que diga claramente: «Estoy aquí, te entiendo y te acompaño». Esto no significa ceder ante la rabieta, sino ofrecer contención emocional.

Otra estrategia muy útil es transformar las obligaciones en juego. En lugar de dar órdenes directas, como «¡Vístete ya!», puedes plantearlo como un reto o una propuesta divertida: «A ver quién se viste antes...» o «¿Qué canciones cantamos mientras te duchas?». Los niños pequeños disfrutan jugando, por lo que convertir las rutinas en algo positivo facilita su colaboración y reduce la tensión, al mismo tiempo que aprenden a ver las tareas diarias como algo agradable y alcanzable.

ERRORES COMUNES

- **Sobrerreaccionar, ya sea con preocupación, sorpresa o enfado.** Es normal que las rabietas nos pongan nerviosos, pero, si nos mostramos demasiado preocupados o reaccionamos con enfado, el niño puede intensificar su conducta para captar nuestra atención o porque se siente inseguro.

- **Ceder ante todas sus demandas.** Si siempre le das la razón para evitar el conflicto, reforzarás la idea de que con su actitud lo consigue todo.
- **Acabar formando parte de su lucha.** Gritar o perder la paciencia solo alimenta su frustración y tu cansancio. Mantén la calma, aunque por dentro estés al borde del colapso.
- **Ridiculizar o ignorar sus emociones.** Frases como «Eso es una tontería» o «Ya está con sus rabietas» pueden invalidar sus sentimientos. Es mejor decir: «Entiendo que te enfade, pero tenemos que hacerlo así».
- **Tratar de que entienda algo que aún no puede razonar.** A esta edad, el cerebro de tu hijo aún no está preparado para justificar por qué hace las cosas. Preguntas como «¿Pero por qué te portas así?» no llevan a ningún lado y solo aumentan la tensión.

GESTIÓN DE ENFADOS EN NIÑOS MAYORES DE TRES AÑOS

Ya hemos hablado de las rabietas propias de los niños más pequeños, pero a medida que van creciendo esas rabietas suelen transformarse en episodios de enfado más o menos intensos, dependiendo de cada niño o niña. Como madre y psicóloga, sé bien que el enfado o la ira (como prefieras llamarlo) es una de las emociones que más nos cuesta entender y con la que debemos lidiar. A veces nos preguntamos: ¿cómo es posible que un niño que hace cinco minutos estaba feliz ahora esté gritando y llorando como si el mundo se acabara?

El enfado es una emoción básica y necesaria. Siempre les explico a los niños en la consulta: «¿Te imaginas que alguien te pisara y no te enfadaras? Probablemente te lo seguiría haciendo una y otra vez». Así que, como ves, el enfado es fundamental para protegernos, para marcar límites y para expresar que algo no nos gusta o nos duele. Pero una cosa es sentir enfado y otra muy distinta es cómo expresarlo. No es lo mismo que un niño refunfuñe un poco, grite, insulte o pegue.

No hay nada que, como padres y madres, nos saque más de quicio que un niño enfadado que no sabe gestionar la rabia (lo digo por experiencia) y que, además, parece que todo lo «paga con nosotros». En esos momentos es normal que nos sintamos agotados, frustrados y hasta culpables por no saber qué hacer.

¿Cómo sienten y expresan los niños la rabia? Se manifiesta de muchas maneras: desde la típica pataleta o gritos hasta respuestas algo menos perturbadoras, como el llanto, el rechazo o la retirada. Algunos niños la expresan de forma muy intensa, mientras que otros la llevan más por dentro y la exteriorizan en el momento menos esperado. En cualquier caso, en ambos casos se necesita aprender a gestionarla.

El cerebro de los niños y niñas de entre cuatro y siete años está todavía en pleno desarrollo. Su parte emocional (el sistema límbico) suele ser la que manda en los momentos de enfado, mientras que la parte racional (la corteza prefrontal) —la que ayuda a regular y controlar esas emociones— está todavía en proceso de maduración. Por eso muchas veces su rabia nos parece desproporcionada y les cuesta tanto calmarse por sí mismos.

Esto no significa que sean maleducados, que lo hagan a propósito ni que nos estén desafiando. Significa que necesitan ayuda para aprender a regular lo que sienten. A partir de los cuatro o cinco años, empiezan a desarrollar más habilidades de autorregulación emocional (aunque de manera muy progresiva). Es el momento perfecto para enseñarles a identificar su enfado y a expresarlo de forma constructiva.

En este capítulo quiero ayudarte a entender por qué tu hijo se enfada, qué pasa en su cerebro en esos momentos y, sobre todo, cómo puedes ayudarle (y ayudarte) para que aprenda a gestionar la rabia de forma respetuosa y, con el tiempo, más autónoma. Porque educar no es reprimir el enfado, sino enseñarle a ponerle palabras, a reconocer lo que siente y a pedir ayuda cuando lo necesita. Aunque a veces su enfado nos saque de nuestras casillas (créeme que lo entiendo), cada uno de esos momentos es una oportunidad para aprender juntos y crecer como familia.

Caso de Hugo

Hugo tiene ocho años y es un niño muy inteligente y creativo, pero últimamente sus padres sienten que están desbordados por sus explosiones de rabia. Cuando algo no sale como él quiere, o cuando tiene que dejar de ver la televisión para irse a bañar o hacer la tarea, reacciona con gritos, portazos o incluso insulta.

Lo curioso es que en el colegio nunca tiene problemas con los compañeros o profesores, pero es llegar a casa y se transforma. Sus padres están preocupados porque sienten que cada día tienen que andar con pies de plomo para evitar sus estallidos de rabia.

¿CÓMO PUEDO AYUDAR A MI HIJO?

De tres a cinco años

Durante esta etapa, los niños empiezan a experimentar emociones más intensas (sí, aún más intensas; lo siento, están creciendo y sus emociones con ellos) y a veces les cuesta manejarlas por sí mismos. Mantener la calma es fundamental: cuando tú te alteras, ellos lo perciben y su enfado puede aumentar. Respirar profundo, bajar el tono de voz y recordar que eres su modelo y su refugio ayuda a que se sientan seguros y acompañados. Ayudarles a ponerles nombre a sus emociones, con frases como «Parece que estás muy enfadado, ¿verdad?», les permite reconocer lo que sienten y entender que está bien experimentar enfado, aunque haya que aprender a controlarlo. En esta etapa, muchos niños todavía necesitan nuestra cercanía física y emocional para calmarse; una mano en el hombro, una mirada tranquila o simplemente nuestra presencia evita que el enfado se intensifique. Técnicas simples, como beber un vaso de agua, echarse agua en la cara o en las manos, también ayudan a regular su «temperatura emocional». Crear un rincón de la calma en casa, con un cojín, un peluche o algo para dibujar, les ofrece un espacio seguro para tranquilizarse mientras sienten nuestro apoyo.

Empatizar y validar sus emociones es clave; decirles «Sé que ahora estás muy enfadado y lo entiendo» les ayuda a sentirse comprendidos. Una vez que tu hijo o hija y tú estáis más tranquilos, es útil hablar sobre lo sucedido y reflexionar juntos sobre cómo actuar mejor la próxima vez. Dejar bien claras las consecuencias ante conductas inapropiadas —como insultar, pegar o romper cosas— enseña que el enfado se puede expresar, pero siempre de manera respetuosa y dentro de unos límites. Por ejemplo: «Entiendo que te enfadaste mucho, pero no está bien que hayas pegado. No podrás jugar con el balón hasta mañana».

De seis a ocho años

Cuando los niños ya han cumplido seis años, empiezan a comprender mejor sus emociones, pero todavía necesitan apoyo para regular los enfados de mayor intensidad y actuar de forma adecuada. Mantener la calma sigue siendo fundamental: **eres su modelo y tu serenidad les ayuda a gestionar la emoción.** Ayudarles a ponerles nombre a sus sentimientos y reflexionar sobre ellos les permite entender que sentir ira es normal, pero que hay formas seguras y respetuosas de expresarla. Los niños de esta edad también pueden beneficiarse de técnicas de autorregulación, como beber un vaso de agua, respirar con profundidad o ir a un rincón de la calma preparado en casa, donde puedan tranquilizarse mientras sienten nuestra presencia y acompañamiento.

Empatizar con su enfado y validar lo que sienten sigue siendo importante: reconocer emociones con frases como «Sé que estás muy enfadado y lo entiendo» refuerza la conexión y la confianza. Es un buen momento para enseñarles a reflexionar sobre sus acciones y sobre cómo podrían reaccionar de forma diferente la próxima vez. Las consecuencias claras y consistentes ante conductas inapropiadas, como insultar, pegar o romper cosas, les ayudan a comprender que el enfado es válido, pero que determinadas acciones tienen límites. Además, reforzar logros cuando consiguen calmarse y actúan con respeto fortalece su autoestima y les motiva a manejar mejor sus emociones en situaciones futuras, que es lo que, como padres y madres, pretendemos.

ERRORES COMUNES

- **Tratar de razonar con ellos en plena rabieta.** Cuando un niño está enfadado, es como si llevara unas gafas de sol muy oscuras que le impiden ver con claridad. En ese momento, está tan dominado por la emoción que no escucha ni razona. Tratar de hablar cuando está en plena rabieta solo añade más frustración. Mejor esperar a que se calme y, entonces, con serenidad, explicar cómo podría haber manejado mejor la situación.
- **Gritarle.** A veces, al ver que nuestro hijo empieza a gritar, nos contagia y acabamos gritando también. Esto solo consigue intensificar el conflicto y aumentar la tensión. Recuerda: si uno sube el volumen, que no seas tú.
- **Tomárselo como algo personal.** Es fácil pensar que nuestro hijo nos desafía o nos está faltando al respeto de manera intencionada. Pero, la mayoría de las veces, lo que está ocurriendo es que no sabe cómo expresar su malestar de otra forma. Su cerebro aún está aprendiendo a gestionar la frustración. No es un ataque a ti como madre o padre.
- **Ignorar por completo la emoción.** Algunas familias, para evitar discusiones, subestiman el enfado del niño («No es para tanto», «Qué tontería»), pero esto invalida lo que él siente y puede aumentar su frustración. Lo recomendable es reconocer su emoción, aunque luego haya que poner límites a su conducta.
- **Compararlo con otros niños.** Frases como «Tu hermano no se pone así» o «Los demás niños no hacen eso» solo añaden inseguridad y hacen que se sienta incomprendido. Cada niño tiene su propio ritmo de desarrollo y su propia manera de expresar lo que siente.

ANSIEDAD POR SEPARACIÓN

La ansiedad por separación es un miedo intenso y natural que sienten algunos niños y niñas (y que a veces sufrimos también los padres) cuando tienen que separarse de las personas con las que están más vinculados, como mamá o papá. Es ese miedo que aparece cuando tienen que despedirse y quedarse en un lugar nuevo, como, por ejemplo, la guardería o el colegio, o cuando alguno de sus padres se va a trabajar.

El psiquiatra británico John Bowlby, uno de los grandes referentes de la teoría del apego, explicó que un vínculo seguro entre el niño y su figura de referencia (en la mayoría de los casos alguno de sus padres) es clave para que el niño crezca emocionalmente sano. Un apego seguro significa que el niño sabe, confía y siente que sus padres o cuidadores van a estar ahí cuando los necesite: para consolarle, para protegerle, para calmarle. Esa seguridad emocional le da al niño la base para explorar el mundo y aprender.

Ahora bien, cuando ese vínculo se pone a prueba con una separación, como ocurre cuando dejamos a nuestro hijo en la guardería o con un cuidador, es normal que aparezca este tipo de ansiedad. De hecho, Bowlby explicaba que este miedo a quedarse solo o a perder de vista a mamá o papá no es un signo de debilidad: es una respuesta natural y saludable que muestra la importancia de ese lazo emocional.

Su colega Joyce Robertson, que estudió en profundidad cómo les afectan a los niños las separaciones tempranas (por ejemplo, cuando los ingresan en hospitales o cuando hay cambios familiares importantes), advirtió que, si las separaciones son demasiado largas, demasiado bruscas o demasiado frecuentes, pueden afectar al desarrollo emocional de los niños y hacer que la ansiedad por separación se convierta en un problema mayor. Por eso es tan importante acompañar a nuestros hijos en estas transiciones, darles seguridad y ayudarles a entender que, aunque nos vayamos, siempre acabamos volviendo.

Ahora bien, aunque para la mayoría de los niños esta etapa se supera con el tiempo y la madurez, hay casos en los que la ansiedad por separación puede volverse tan intensa y persistente que acaba interfiriendo en su día a día. En estos casos podemos hablar de un **trastorno de ansiedad por separación**, un diagnóstico que requiere apoyo profesional. Según la Academia Americana de Psiquiatría Infantil y Adolescente, alrededor de un 5 % de los niños pueden desarrollarlo. Pero no hace falta tener un diagnóstico para que un niño sufra signos intensos de ansiedad por separación: de hecho, se estima que el 40 % de los niños experimentan en algún momento molestias o síntomas relacionados con este miedo.

Etapas y edades de la ansiedad por separación

Edad aproximada	Características principales
6 a 9 meses	Primeros signos de ansiedad por separación. Empieza cuando el bebé desarrolla la permanencia del objeto: comprende que mamá o papá existen aunque no los vea. Llora al separarse y se calma al ver a la figura de apego.
12 a 18 meses	Se intensifica. Aumentan las protestas al separarse, especialmente si está cansado, con hambre o enfermo. Puede llorar intensamente y negarse a ir con otras personas.
18 meses a 3 años	Aumenta la independencia y la curiosidad, pero todavía muestra ansiedad en separaciones (como cuando va a la guardería o a la escuela infantil). Las despedidas suelen ser más difíciles y teatrales.
3 a 5 años	Empieza a comprender el paso del tiempo y que las figuras de apego regresan. Aunque la ansiedad suele reducirse, puede aparecer en situaciones nuevas (como cuando empiezan el colegio o ante un cambio de cuidador).
A partir de los 6 años	La mayoría de los niños gestionan mejor las separaciones, aunque pueden darse picos de ansiedad ante cambios importantes (mudanzas, divorcios, nuevas etapas escolares). En algunos casos, si la ansiedad persiste y los limita, puede convertirse en un trastorno que requiera apoyo profesional.

Como madre, sé bien lo difícil que puede ser salir cada mañana a trabajar con el corazón encogido mientras tu hijo llora y te suplica que te quedes. Entiendo perfectamente la sensación de culpa y la duda que a veces nos corroe: «¿Lo estaré haciendo bien?», «No puedo dejarlo así». Pero quiero recordarte algo importante: la ansiedad por separación no es un fallo de crianza ni un signo de que tu hijo sea demasiado dependiente. Al contrario: es la señal de que ha formado un lazo afectivo profundo contigo, lo que es maravilloso. En muchos casos nos angustiamos más los padres que los propios niños; si sucede esto, le podemos llegar a trasmitir una mayor sensación de preocupación.

Es importante que busquemos apoyo temprano si no sabemos cómo manejar esta situación y, sobre todo, si ya lleva un tiempo presente en nuestra vida. **Estos signos de ansiedad por separación pueden ser el preludio de otros trastornos que podrían aparecer antes o después, como el trastorno de ansiedad generalizada, ciertas fobias o incluso depresión.**

En este capítulo, quiero ayudarte a entender por qué ocurre, qué pasa en el cerebro y en el corazón de tu hijo en esos momentos y cómo puedes ayudarle (y ayudarte) a transitar este proceso de la mejor manera posible. Con ejemplos, estrategias y un enfoque basado en estudios recientes, te ofrezco herramientas prácticas para que tu hijo y tú podáis superar juntos esta etapa con calma, confianza y mucho amor.

Caso de Nayara

Nayara tiene cuatro años. El año pasado, cuando comenzó el colegio, le costó un poco adaptarse. Durante el primer mes, solía entrar en la escuela llorando. Sin embargo, con la ayuda de la profesora y el apoyo de sus compañeros, poco a poco fue superando esta etapa y logró llegar a clase con una actitud más tranquila e incluso contenta.

Este año, sin embargo, tras las vacaciones de verano, y a pesar de que Nayara ya conoce bien el colegio y a sus profesores, ha vuelto a llorar cada mañana al entrar; le ocurre a diario desde que empezó el curso, hace ya tres meses. Sus padres se sienten preocupados y frustrados. Han intentado hablar con ella antes de ir a la escuela, dedicarle tiempo para explicarle que siempre vuelven a recogerla y que todo va a ir bien, pero nada de esto parece calmarla.

¿CÓMO PUEDO AYUDAR A MI HIJO?

Hasta los tres años

Durante los primeros años, la separación puede generar mucha ansiedad porque los niños y niñas aún no comprenden del todo que los adultos acaban volviendo. Es esencial mantener la calma y transmitir seguridad. El refuerzo positivo funciona muy bien: celebrar cada separación con cariño y pequeños premios, como un ratito de juego juntos o un paseo especial, ayuda a que perciba que su esfuerzo es valorado. Darle pequeñas responsabilidades acordes a su edad, como llevar su mochila o ayudarte a recoger los juguetes, fortalece su autoestima y le permite sentirse más capaz ante los momentos en que debe separarse.

En esta etapa, es muy útil enseñar técnicas de respiración sencillas. Puedes mostrarle cómo inhalar por la nariz, como si oliera una flor, mantener el aire un segundo y luego soltarlo suavemente por la boca, imaginando que sopla las velas de una tarta de cumpleaños. Practicar juntos varias veces a la semana ayuda a que lo incorpore como herramienta para calmarse. También es recomendable exponerlo a situaciones parecidas, pero menos intensas, como pasar un rato con los abuelos o tíos cercanos, para que vaya ganando confianza de manera gradual.

De tres a cinco años

Durante la etapa preescolar, la ansiedad por separación sigue siendo común, especialmente al iniciar el colegio o actividades nuevas. El refuerzo positivo sigue siendo clave: celebra cada logro, por pequeño que sea, y ofrécele momentos especiales como recompensa por su esfuerzo. Darle responsabilidades un poco más complejas, como ayudar a poner la mesa o regar una planta, aumenta su sensación de competencia y confianza para afrontar la separación.

Practicar técnicas de respiración juntos y reforzar la exposición gradual a situaciones que generan ansiedad permite que poco a poco interiorice que puede manejar estas vivencias. También es útil hablar con otras personas de su entorno (profesores, cuidadores o amigos cercanos) para que vean que, como padre o madre, estás tranquilo y que la separación no es motivo de alarma. Esto transmite seguridad y ayuda a que el niño perciba que puede confiar en que todo irá bien mientras no estás a su lado.

De seis a ocho años

A partir de los seis años aproximadamente, los niños comprenden mejor la separación, pero todavía pueden experimentar ansiedad ante cambios o situaciones nuevas. Sigue siendo fundamental mantener refuerzos positivos: reconocer y celebrar sus esfuerzos genera motivación y mejora la confianza. Darles responsabilidades acordes a su edad, más complejas que en etapas anteriores, les permite sentirse competentes y preparados para afrontar los retos que implica la separación.

Es el momento de trabajar con listas de retos, organizando las situaciones de menor a mayor intensidad, para avanzar paso a paso, pero sin que se sienta abrumado. Continuar practicando técnicas de respiración y exponerlo gradualmente a situaciones parecidas, pero algo menos intensas, refuerza su autonomía. También es útil mantener la comunicación con otras personas de su entorno: que vean que estás relajado y tranquilo frente a la separación les transmite seguridad y ayuda a consolidar la confianza en sí mismos y en su capacidad para afrontar los desafíos.

Aquí tienes un ejemplo de lista de retos:

Nivel de dificultad	Retos
Bajo	• Permanecer diez minutos en su habitación jugando solo. • Ir solo a la cocina a por un vaso de agua. • Dejar que un familiar o amigo de confianza lo cuide durante diez minutos.
Medio	• Ir al baño solo en casa. • Quedarse en casa de los abuelos o tíos durante una hora mientras tú haces un recado. • Participar en una actividad extraescolar con un monitor.
Alto	• Quedarse en casa de un amigo a jugar una tarde. • Asistir a una fiesta de cumpleaños sin ti (con supervisión de un adulto de confianza). • Dormir en casa de un familiar o amigo (planificado con antelación).

ERRORES COMUNES

- **Dejar de llevarlos a ciertos lugares.** A veces, por miedo y evitar verlos sufrir, dejamos de llevarlos a ciertas actividades o sitios donde podrían aprender a estar lejos de su padre o madre con tranquilidad. Nos excusamos diciendo que no hay necesidad de hacerlo, pero es importante diferenciar si de verdad es algo que no le gusta (o donde le pueda ocurrir algo malo) o si lo dice tan solo porque quiere quedarse contigo. Si este es el caso, tenemos que seguir llevándolo, pero acompañándolo con las herramientas que te hemos ofrecido en este capítulo.
- **Alargar las despedidas.** Como los vemos sufrir, a menudo no sabemos qué hacer para que se les pase. Sin embargo, al prolongar el momento de la despedida solo aumentamos su malestar. Mejor despídete con calma, sé breve y mantén un mensaje de seguridad: «Nos vemos pronto, cariño, ¡vas a pasarlo genial!».
- **Transmitirles tu angustia.** Ya sé que no siempre es fácil, pero, si nos ven preocupados y pendientes de cómo están, su ansiedad aumenta. Mantener la calma y la confianza les ayudará mucho más.
- **Asegurarle que no va a pasar nada malo.** Frases como «No te preocupes, no va a pasar nada» pueden invalidar sus emociones y, además, no son realistas (porque a veces sí ocurren cosas inesperadas). Es más adecuado decirle que, si pasa algo, estarás para ayudarle y que puede confiar en que volverás.
- **Compararlo con otros niños.** Comentarios como «Mira a tu hermano, él sí está tranquilo» solo le hace sentir que no está a la altura. Cada niño tiene su propio ritmo de desarrollo y merece nuestro respeto.
- **Reforzar la conducta de ansiedad.** Si cada vez que llora o se muestra inseguro, le das más atención de la habitual (lo abrazas más, le das golosinas o le dejas que decida si va o no a lo planeado), puede aprender que esa conducta le sirve para evitar la separación. En lugar de esto, trata de reforzar su valentía y su capacidad de afrontar la situación.

MIEDOS EN LA INFANCIA

¿A qué tienes miedo en la actualidad? Yo tengo miedo a viajar en avión, a que a mi hija le ocurra algo malo o a algunas enfermedades. Puede que tú también tengas alguno de estos miedos, u otros diferentes. Pero, si pienso en los miedos que tenía cuando era pequeña, mi respuesta sería bien distinta. Cuando era niña, tenía miedo a que algo malo les pasara a mis padres, a que entraran ladrones en casa por la noche o a tener una pesadilla terrible. ¿Cuáles eran tus miedos? ¿Se parecen en algo a los de tus hijos?

Los miedos son parte del desarrollo evolutivo normal de los niños. De hecho, la emoción del miedo es ancestral. Si no hubiera existido, probablemente nos habríamos extinguido como especie porque nos habrían comido los leones en lugar de haber huido o habernos defendido. Es una emoción básica, instintiva y evolutiva que nos alerta y nos ayuda a actuar ante situaciones que percibimos como peligrosas, ya sea huyendo de ellas (evitación) o enfrentándonos si es necesario.

Por eso, cuando tu hijo sienta miedo, no debemos verlo como una debilidad ni intentar que lo supere de una vez. Al contrario, tenemos que entender que ese miedo tiene una función y que su sistema nervioso lo está activando para protegerse. Tu hijo todavía está aprendiendo a identificar lo que es una amenaza real de lo que no lo es. Ahí es donde entramos nosotros: no para negar lo que siente, sino para acompañarlo, darle seguridad y ayudarle a tener las herramientas para enfrentarlo poco a poco. A continuación comparto contigo los miedos más comunes en la infancia según la edad.

Miedos más comunes según la edad	
Edad aproximada	Miedos frecuentes
0-6 meses	Ruidos fuertes, pérdida de apoyo (sensación de caída).
6-12 meses	Personas extrañas, separación de las figuras de apego.

Edad aproximada	Miedos frecuentes
1-2 años	Ruidos fuertes, objetos grandes, separación, animales.
2-3 años	Oscuridad, ruidos desconocidos, quedarse solo, separación.
3-4 años	Monstruos, fantasmas, oscuridad, tormentas, quedarse solo.
5-7 años	Lesiones, enfermedades, pérdida de padres, seres imaginarios.
8-10 años	Fracaso escolar, rechazo social, accidentes, muerte.
11 años en adelante	Evaluación académica, imagen personal, choques sociales.

Como vemos en la tabla, estos miedos son propios de cada etapa evolutiva y, en la mayoría de los casos, desaparecen con el tiempo, conforme el niño madura y gana seguridad. A medida que los niños crecen, sus miedos evolucionan junto con su capacidad cognitiva. Lo que antes era un temor a la oscuridad puede transformarse en miedo a la muerte, al rechazo social o a no cumplir con las expectativas de los adultos. Esto no significa que sus miedos sean menos válidos, sino que se vuelven más complejos. Incluso cuando un miedo nos parece exagerado o irracional, lo importante no es cuestionarlo, sino entender qué está intentando decirnos a través de él. Muchas veces, detrás de un miedo hay una necesidad de seguridad, de control o simplemente de conexión emocional.

Hay niños que son más propensos a tener miedo: los más sensibles, los que han pasado por algún cambio importante en época reciente o aquellos con una gran imaginación. En estos casos, es aún más importante estar atentos, acompañar sin sobreproteger y, sobre todo, no ridiculizar. Hay que prestar atención en este sentido, porque una risa o un comentario irónico pueden dejar más huella que el miedo en sí. Si en lugar de eso ofrecemos calma, comprensión y estrategias sencillas, les estaremos ayudando no solo a superar un miedo concreto, sino a sentirse más seguros.

Por último, hay que considerar los estímulos externos, como películas, cuentos o incluso algunos comentarios de adultos o niños mayores, que pueden activar o reforzar algún miedo. Aunque a nosotros nos parezcan detalles insignificantes, para un niño pueden ser el punto de partida para algunas situaciones angustiantes.

Caso de Marcos

Marcos tiene seis años y es un niño muy curioso. Le encanta hacer preguntas, leer cuentos y ver documentales de animales con su padre. Hace unas semanas, vieron juntos un reportaje sobre terremotos, algo que Marcos no conocía. Desde entonces, empezó a preguntar insistentemente si en su ciudad podría haber uno, cómo sabrían que va a ocurrir y si su casa era lo suficientemente sólida para resistirlo.

Al principio, sus padres lo tranquilizaban con explicaciones, pero cada noche antes de dormir volvía con el mismo tema. Poco a poco, el miedo se fue intensificando. Marcos empezó a comprobar que las ventanas estuvieran bien cerradas, que no hubiera objetos que pudieran caerse por si «temblaba todo». Incluso le pidió a su madre que durmiera con él varias noches seguidas porque, si había un terremoto, no quería estar solo.

Sus padres, aunque comprensivos, estaban preocupados por cómo algo aparentemente pequeño había desencadenado tanta ansiedad.

¿CÓMO PUEDO AYUDAR A MI HIJO?

Hasta los tres años

Durante los primeros años de vida, los niños pueden experimentar miedos muy intensos, desde la oscuridad hasta sonidos fuertes o separaciones breves. Es fundamental actuar con calma y paciencia: tu serenidad les transmite seguridad y les permite confiar en que todo está bajo control. Es importante normalizar la emoción del miedo, explicándoles que sentirlo es algo que nos ocurre a todos y que está bien sentirse así. Fomentar su autonomía con pequeñas tareas, como llevar un juguete o ayudarte a recoger algo sencillo, refuerza su confianza y le hace sentir capaz. Puedes enseñarle técnicas de autorregulación sencillas, como abrazar su peluche favorito, repetir «Todo está bien» o respirar profundamente (podéis practicarlo juntos de vez en cuando para que lo recuerde cuando lo necesite).

Evita que se exponga a contenidos que puedan alimentar sus miedos: algunos dibujos animados, cuentos o historias pueden quedarse grabados en su mente y aumentar la ansiedad. La exposición progresiva también funciona muy bien: comienza enfrentando el miedo de forma gradual y siempre con tu presencia cercana, reforzando cada pequeño logro con palabras de ánimo y cariño. Así aprenderá que puede superar lo que le asusta sin sentirse solo.

De tres a cinco años

En la etapa preescolar, los niños empiezan a comprender mejor el mundo, pero los miedos siguen siendo frecuentes y, a veces, más intensos. Sigue siendo clave mantener la calma y acompañarlos con paciencia, tratando de ponernos en su lugar y empatizar. Refuerza su confianza con palabras y gestos: hazle saber que crees en él y que poco a poco puede enfrentarse a sus miedos. Seguir fomentando su autonomía con responsabilidades sencillas, como ayudar a poner la mesa o llevar su mochila, les hace sentirse competentes y seguros.

Las técnicas de autorregulación se vuelven muy útiles: respirar profundamente, abrazar un objeto de seguridad o repetir una frase tranquilizadora les ayuda a calmarse. Sigue siendo esencial la exposición progresiva: enfrenta sus miedos de manera gradual, respetando siempre su ritmo, y celebra cada logro para reforzar la confianza. Mantener un equilibrio entre acompañamiento cercano y oportunidades para que lo haga por sí mismo le enseña que puede superar lo que le asusta sin depender totalmente del adulto.

De seis a ocho años

En los primeros años de Primaria, los niños comprenden mejor sus emociones y pueden razonar sobre sus miedos, pero algunos siguen sufriendo ansiedad. La actitud del adulto es clave: actuar con calma y paciencia les ayuda a sentirse seguros y acompañados. Normalizar el miedo, compartir experiencias propias y reforzar su confianza les permite afrontar situaciones difíciles con más seguridad. Seguir fomentando la autonomía con tareas o responsabilidades acordes a su edad les fortalece la autoestima y los prepara para manejar sus temores de forma progresiva.

Las técnicas de autorregulación se pueden practicar de manera más consciente: respirar con profundidad, usar frases tranquilizadoras o recurrir a un objeto que les dé seguridad. La exposición gradual a los miedos (véase la tabla más abajo) sigue siendo la estrategia más eficaz: enfrentarlos paso a paso, con tu refuerzo positivo y tu presencia cercana, les enseña que pueden controlar sus emociones y que es posible superar el miedo. Celebrar los avances y reconocer cada esfuerzo les aumenta la confianza y resiliencia, convirtiendo los miedos en oportunidades para crecer y ganar autonomía.

Técnica de exposición progresiva: miedo a los perros

Paso	Descripción	Observaciones
1. Hablar sobre perros	Conversar con tu hijo sobre perros en general: cómo son, qué hacen, qué les gusta.	Usa libros o cuentos con imágenes amigables para normalizar el tema.
2. Ver perros a distancia	Observar perros desde lejos en el parque o la calle, sin necesidad de acercarse.	Es importante no presionar, solo mirar y comentar lo que ve.
3. Ver vídeos o películas con perros simpáticos	Ver películas o series infantiles donde aparezcan perros como personajes cariñosos.	Ejemplo: *La patrulla canina* o *Bolt*.
4. Estar cerca de un perro tranquilo con correa	Acercarse con un adulto a un perro conocido y tranquilo, pero sin tocarlo.	El dueño puede hablar con el niño para que se sienta seguro.

Paso	Descripción	Observaciones
5. Tocar brevemente al perro con supervisión	Si el niño se siente cómodo, puede acariciar suavemente al perro en presencia del adulto.	Solo si el perro está acostumbrado a niños y es previsible.
6. Estar presente cuando el perro está suelto pero tranquilo	Ver al perro moverse sin correa, manteniéndose cerca de los adultos.	Refuerza su sensación de control («Puedes alejarte si quieres»).
7. Jugar brevemente con el perro	Lanzar una pelota o estar en el mismo entorno de juego del perro.	No forzar si el niño no está listo; es el último paso.

ERRORES COMUNES

- **Tranquilizar en exceso.** Si le das demasiadas explicaciones o lo intentas calmar constantemente, puede interpretar que lo haces porque hay algo peligroso. La tranquilidad debe venir más de tu actitud que de tus palabras.
- **Buscar el posible peligro junto a él.** Evita mirar con él debajo de la cama o dentro del armario, ya que esto valida el hecho de que podría haber algo. En lugar de eso, transmítele seguridad con firmeza y calma.
- **Reaccionar con enfado.** Enfadarte solo aumentará su malestar y le hará sentir que no debe confiar en ti para compartir sus miedos.
- **Quitarle importancia sin empatía.** Frases como «Eso es una tontería» o «No es para tanto» pueden invalidar sus emociones. Aunque a ti no te parezca grave, para él sí lo es.
- **Forzar una forma de exposición sin recursos.** Animarlo a enfrentarse al miedo es positivo, pero, si lo haces de manera brusca y sin preparación, podrías intensificarlo aún más. Tu hija o hijo necesita tus herramientas y tu guía para hacerlo con seguridad.

- **Compararlo con otros niños.** Frases como «Mira a tu herma- na, que es más pequeña y no tiene miedo» solo generan inse- guridad y vergüenza. Cada niño tiene su ritmo y eso debe ser respetado.
- **Sobreprotegerlo y dejar que duerma siempre con sus pa- dres.** Aunque puede haber noches excepcionales, si cada vez que tiene miedo le permitimos dormir en nuestra cama, no le damos la oportunidad de superarlo. Debemos acompañar, no anular su capacidad para enfrentarse a los miedos.

NIÑOS CON BAJA TOLERANCIA A LA FRUSTRACIÓN

Lo primero que me gustaría aclarar sobre la frustración es que no se trata de lo mismo que el enfado. Tendemos en ciertas situaciones a sim- plificar la emociones de nuestro hijo. A veces el hecho de que se enfade mucho no nos hace pensar que la raíz del problema puede ser otra. La frustración es la sensación que aparece cuando algo no sale como espe- rábamos. Y la tolerancia a la frustración es la capacidad de manejar esos momentos de «No puedo» o «No es como quería» sin que nos desborde la rabia o la tristeza. Es algo que vamos aprendiendo con el tiempo e incluso los adultos seguimos trabajando en ello. Así que ima- gina lo difícil que puede ser para un niño o una niña, que apenas está empezando a construir su experiencia vital y su desarrollo emocional.

Dicho esto, ¿cómo se entrena la tolerancia a la frustración? Pues enfrentándose a ella una y otra vez.

Hoy sabemos, gracias a estudios recientes como el de Reyes Moncayo y Morán Salcán (2024), que la tolerancia a la frustración en los niños no solo se relaciona con su capacidad para esperar o aceptar un no, sino que también impacta directamente en su regulación emo- cional. Estos autores observaron que los niños que tienen menos oportunidades para aprender a manejar la frustración (por ejemplo, porque se los calma enseguida con una pantalla o se les da todo sin que tengan que esperar) tienden a mostrar más impulsividad y difi- cultad para gestionar los momentos de estrés.

¿CÓMO SE COMPORTAN LOS NIÑOS CON BAJA TOLERANCIA A LA FRUSTRACIÓN?

Los niños que tienen poca tolerancia a la frustración suelen:

- Impacientarse mucho cuando algo no sale como quieren.
- Protestar con gritos o llantos para lograr lo que desean.
- En algunos casos, ponerse agresivos si no consiguen lo que piden.
- Mostrar dificultades en la resolución de problemas.
- Hacer cualquier cosa, aunque tenga consecuencias negativas, con tal de salirse con la suya.
- Evitar retos por miedo al fracaso.
- Tener problemas de adaptación por su rigidez mental.

En la práctica, esto puede traducirse en un niño que abandona rápidamente una actividad cuando ve que algo le cuesta o que no respeta los turnos de juego porque no soporta esperar. Según un estudio reciente aparecido en la revista *Frontiers in Psychology* (He & Chen, 2021), estos niños suelen recurrir a estrategias impulsivas o de evitación (como abandonar la tarea o enfadarse) en lugar de buscar soluciones o pedir ayuda.

Si no acompañamos a nuestros hijos en el desarrollo de esta habilidad, corremos el riesgo de que se conviertan en adultos que reaccionan de forma desproporcionada ante las dificultades. Además de volverse más reactivos (con gritos o agresividad), pueden desarrollar menos empatía hacia los demás, abandonar sus objetivos fácilmente o mostrar poca tolerancia a las normas.

Los estudios que han aparecido en la revista *BMC Psychology*, enfocados en niños de nueve y diez años, han demostrado que esta baja tolerancia a la frustración se relaciona con más problemas de conducta, dificultades para concentrarse y, a largo plazo, un mayor riesgo de ansiedad o baja autoestima.

Por eso, acompañarlos desde pequeños a entender que no siempre se puede tener lo que uno quiere y que a veces las cosas llevan su tiempo no es solo un aprendizaje emocional, sino un regalo que les hacemos para toda la vida.

En este capítulo vamos a ver cómo podemos ayudarles, a través de ejemplos, estrategias y mucho cariño, a gestionar mejor la frustración para que poco a poco aprendan a manejar esos momentos con más calma, confianza y resiliencia.

Caso de Simón

Simón es un niño de cinco años muy divertido, al que le encantan los juegos de mesa y jugar al fútbol. Sin embargo, esas actividades, que deberían servirle para disfrutar y pasar un buen rato, suelen terminar en situaciones complicadas, en las que acaba frustrado, enfadado o incluso llorando.

Si el entrenador lo corrige durante el entrenamiento, no se lo toma nada bien y reacciona enfadándose o encerrándose en sí mismo. Cuando pierde en algún juego de mesa, no es raro que tire todas las fichas al suelo en un arrebato de rabia. Sus padres ya no saben cómo gestionar estas situaciones e incluso se plantean que deje de ir al fútbol, porque cada día van con miedo a cómo reaccionará. En el último entrenamiento, llegó a insultar a sus compañeros de equipo.

¿CÓMO PUEDO AYUDAR A MI HIJO?

Hasta los tres años

En sus primeros años, el niño todavía está aprendiendo a manejar emociones fuertes y, a menudo, se siente frustrado fácilmente cuando algo no sale como espera. Es fundamental normalizar y validar su emoción: puedes decirle, por ejemplo, «Veo que te sientes frustrado porque no ha salido como querías; es normal que te sientas así. Vamos a ver cómo podemos solucionarlo». Acompañarlo para redirigir su acción y ofrecerle alternativas le ayuda a comprender que siempre hay soluciones posibles. Establecer límites claros y consistentes desde el principio le enseña que no siempre puede tener lo que quiere de inmediato. Si pide algo que no puede tener en ese momento, explícalo con calma: «Ahora no podemos ir al parque, pero podemos planearlo para mañana». Enseñar técnicas de respiración sencillas, como inhalar contando hasta cuatro y exhalar contando hasta cuatro, le ayuda a calmarse y a regular su cuerpo y mente.

Ser un buen ejemplo es muy importante en esta etapa: cuando te veas frustrado, muéstrale cómo puedes calmarte y buscar soluciones para no explotar. Reconocer y celebrar cada pequeño logro refuerza su aprendizaje: «¡Me ha encantado cómo lo has manejado! Aunque te ha costado, has respirado y lo has intentado de nuevo». Los errores se pueden usar como oportunidades: recordarle que equivocarse es parte del aprendizaje y enseñarle qué puede hacer diferente la próxima vez le ayuda a desarrollar resiliencia y paciencia.

De tres a cinco años

A estas edades, los niños comienzan a entender más sus emociones, pero la frustración sigue apareciendo con frecuencia, especialmente cuando algo les resulta difícil o inesperado. Validar lo que sienten y normalizar la emoción sigue siendo esencial: frases como «Está bien sentirse frustrado, como a todos nos pasa a veces» les ayudan a entender que sus emociones son normales. Los límites claros y consistentes continúan siendo la base de su aprendizaje; saber que ciertas normas no se rompen y que no siempre pueden obtener lo que desean enseña a manejar la frustración de manera segura.

Es muy eficaz reforzar la autorregulación mediante técnicas de respiración y darles ejemplos de cómo actuar ante un problema. También se puede aprovechar para enseñarles que los errores son parte del aprendizaje, reflexionando juntos sobre qué se podría hacer de manera diferente la próxima vez. Reconocer sus logros y esfuerzos cuando manejan la frustración sin estallar fortalece su confianza y motiva a seguir practicando, mientras ven que los adultos creen en su capacidad para superar retos.

De seis a ocho años

En esta etapa, los niños empiezan a comprender mejor las emociones y pueden reflexionar sobre cómo manejar la frustración, aunque todavía necesiten apoyo y guía. Mantener límites claros y consecuencias en función de su comportamiento sigue siendo fundamental: saber de antemano qué pasará si rompen normas o actúan con impulsividad les ayuda a pensar antes de actuar. Por ejemplo: «Si gritas y tiras las cosas porque algo no sale como querías, tendrás que recogerlo y perderás ese tiempo de juego».

Las técnicas de respiración, reflexionar sobre los errores y la normalización de la frustración continúan siendo útiles, pero se puede profundizar en enseñarles estrategias más conscientes: identificar emociones, planificar cómo reaccionar y evaluar alternativas antes de actuar. Celebrar cada esfuerzo y los logros consolida su perseverancia y resiliencia: «Has respirado y buscado otra manera de intentarlo, ¡me encanta cómo lo has hecho!». Enseñarles que los errores son oportunidades de aprendizaje les ayuda a manejar mejor la frustración y a ganar autonomía y confianza en sí mismos.

ERRORES COMUNES

- **Hacer las cosas por ellos cuando algo les cuesta.** Sé que es difícil resistirse cuando ves a tu hijo luchando con algo que no consigue hacer; tu primer impulso puede ser ayudarlo o hacerlo tú directamente. En lugar de esto, dale tiempo, permítele intentarlo y, solo cuando realmente notes que ya lo ha intentado varias veces y comienza a frustrarse, ofrece tu ayuda con delicadeza, sin quitarle protagonismo.
- **Sacar a colación conductas incorrectas del pasado.** Cuando tu hijo está haciendo un esfuerzo real por mejorar o cambiar de comportamiento, lo peor que podemos hacer es recordar constantemente aquello que hizo mal en el pasado. Decirle cosas como «Otra vez igual que la semana pasada» o «Siempre haces lo mismo» puede desanimarlo y aumentar su frustración. Recuerda enfocarte siempre en el presente, valora sus esfuerzos actuales y reconoce los pequeños avances que vaya logrando.
- **Ceder ante la insistencia o al verlo sufrir.** A veces, los padres cedemos ante sus ruegos o llantos para aliviar nuestra propia incomodidad emocional. Sin embargo, al hacerlo le enviamos un mensaje equivocado: insistir o llorar siempre funciona para conseguir lo que quiere.
- **Evitarle cualquier sufrimiento.** Como padres, es normal querer proteger a nuestros hijos de cualquier situación desagradable, pero no podemos hacer que vivan en una burbuja. Es

importante permitirles vivir experiencias difíciles, frustrantes o desafiantes porque estas situaciones son precisamente las que les ayudarán a desarrollar resiliencia, madurez emocional y las habilidades esenciales para enfrentarse a la vida adulta.

- **Castigar y amenazar continuamente.** Las amenazas o los castigos impuestos con enfado o desesperación solo incrementan la frustración del niño, empeoran su conducta y deterioran nuestra relación con él. En lugar de recurrir a castigos impulsivos, recuerda aplicar de forma clara y calmada las consecuencias que ya habéis pactado.

RESUMEN

En este capítulo hemos explorado algunas de las emociones que más preocupan a las familias en lo que respecta a la crianza: el miedo, la ansiedad por separación, la frustración, la impaciencia y el enfado. Los miedos evolutivos, como los ruidos fuertes, la oscuridad o el temor al rechazo, forman parte del crecimiento emocional de los niños y no son caprichos ni señales de debilidad, sino indicadores de su desarrollo y maduración.

La ansiedad por separación también forma parte del proceso natural de apego y requiere comprensión, paciencia y acompañamiento para que los niños y niñas se sientan seguros y tranquilos. Aquellos con baja tolerancia a la frustración y los que muestran impaciencia necesitan nuestra guía para aprender a gestionar emociones intensas y a esperar en un mundo donde todo es inmediato. Enseñarles con empatía, reforzar sus logros y darles herramientas para autorregularse ayuda a que ganen confianza y resiliencia.

El enfado es otra emoción fundamental que merece atención. Los niños mayores de tres años aún están aprendiendo a regularlo, por lo que comprender que su cerebro sigue madurando nos permite acompañarlos con firmeza, calma y amor, enseñándoles a expresarlo de manera respetuosa.

En definitiva, este capítulo invita a aceptar las emociones de nuestros hijos como una parte esencial de su desarrollo y a vivirlas como oportunidades para fortalecer el vínculo con ellos. Como madres, padres, profesionales o cuidadores, cada emoción que acompañamos nos recuerda que educar va más allá de establecer normas: consiste en ayudar a los niños a conocerse, aceptarse y confiar en sí mismos.

CONSEJOS PARA MADRES Y PADRES

- **Pon nombre a las emociones.** Ayuda a tu hijo a identificar lo que siente con palabras sencillas. Cuando le pones nombre a la emoción («Veo que estás enfadado», «Sé que eso te ha dado miedo»), le enseñas a reconocerla y gestionarla mejor.
- **Valida sus emociones.** Recuerda que no se trata de negar o restarle importancia a lo que siente («Eso no es nada»), sino de decirle que lo entiendes y que es normal sentirlo, aunque luego trabajemos en cómo expresarlo de la manera más adecuada.
- **Mantén la calma (o al menos simúlala).** Eres su modelo y su refugio emocional. Si te ve en un estado de tranquilidad, le estarás enseñando a regularse.
- **Ten límites claros y coherentes.** Aunque estemos validando sus emociones, eso no significa que permitamos cualquier conducta. Puedes decirle: «Entiendo que te enfade, pero no se pega».
- **Refuerza los pequeños avances.** Cuando notes que tu hijo empieza a gestionar mejor sus emociones, díselo. Un «Me ha encantado cómo te has calmado» refuerza su confianza y le motiva a seguir aprendiendo.
- **Anticípate a las situaciones difíciles.** Si sabes que hay algo que suele desatar el enfado o la frustración, habla antes con él, establece expectativas claras y ofrece alternativas («Si no te gusta, puedes decirlo sin gritar»).
- **Cuida tus palabras y tu tono.** Las emociones son contagiosas, así que procura hablar con un tono calmado y respetuoso, aunque por dentro estés al límite.
- **Ayúdalo a encontrar su propia calma.** Enséñale estrategias como respirar profundamente, contar hasta diez o ir a su rincón de la calma.
- **No olvides el juego.** A través del juego, los niños expresan y elaboran lo que sienten. Aprovecha para incluir cuentos, muñecos o actividades lúdicas que les ayuden a identificar emociones.
- **No te olvides de ti.** Gestionar las emociones de un niño es mucho más difícil si tú no estás bien. Dedícate también espacio para recargar energías y regular tus propias emociones.

COMPRUEBA

Marca lo que has puesto en práctica esta semana:

☐ He ayudado a mi hijo a poner nombre a sus emociones.
☐ He validado sus emociones aunque no siempre pudiera darle lo que quería.
☐ He mantenido la calma (o al menos lo he intentado).
☐ He puesto límites claros y firmes cuando ha sido necesario.
☐ He reforzado sus pequeños avances con frases positivas.
☐ He anticipado situaciones difíciles para reducir los conflictos.
☐ He utilizado un tono calmado y respetuoso al hablar.
☐ He ofrecido estrategias para ayudarle a regularse.
☐ He recurrido a actividades lúdicas para trabajar las emociones.
☐ Me he cuidado emocionalmente para poder estar bien con mi hijo.

CAPÍTULO 3

Cambios en la vida del niño

Los cambios en la vida de los niños son inevitables, igual que lo son en la nuestra, como adultos. Aunque muchas veces estos cambios puedan ser para mejor, siempre afectan. Más de una vez algún padre me ha dicho: «Isabel, no entiendo lo que le ocurre [a mi hijo]. Nos hemos mudado a una casa mucho más grande y bonita, donde puede jugar mucho más, y sin embargo su comportamiento ha empeorado y sus miedos también». Como vemos, incluso los cambios que pensamos que harán felices a nuestros hijos pueden conllevar dificultades inesperadas.

A veces son cambios que hemos deseado, otras veces no tanto, y muchas veces nuestras expectativas no se cumplen de la manera que imaginábamos. Lo importante es enfrentarlos con toda nuestra atención y dedicación, para que afecten lo menos posible a nuestros hijos y a la dinámica familiar. Con nuestro acompañamiento, los niños pueden adaptarse, sentirse seguros y aprender a manejar la nueva situación, incluso cuando todo a su alrededor se transforma.

Signos de alarma que se pueden presentar ante un cambio en la vida del niño

- Mayor irritabilidad
- Peor sueño y con más pesadillas
- Menos apetito
- Aparición de miedos
- Comportamientos que parecen llamadas de atención

En este capítulo vamos a hablar de algunos de esos cambios que pueden generar un impacto emocional importante en nuestros hijos: desde pasar a dormir en su propia habitación, la llegada de un hermano, la separación de los padres, el inicio de la guardería o el colegio hasta experiencias tan delicadas como el fallecimiento de una mascota o un ser querido, o un cambio de centro de estudios.

Mi objetivo es que, al leer cada uno de estos apartados, te sientas acompañada o acompañado, que puedas anticiparte a las emociones que pueden surgir en tu hijo y en ti, y que encuentres herramientas útiles para atravesar estas etapas con más calma y seguridad. Porque acompañar los cambios no significa evitar el malestar, sino estar presentes, apoyar, comprender y guiar. Y eso, créeme, marca la diferencia.

PASAR A SU PROPIA HABITACIÓN

Cuando nuestro hijo es bebé, parece muy lejano el día en que pueda dormir en su propia habitación. Vamos sobreviviendo como podemos a esas noches tan largas, despertándonos cada poco tiempo y dando gracias porque, en muchos casos, no hay que levantarse de la cama y caminar, y actuamos casi como autómatas: tomamos al bebé, que suele estar cerca, intentando no desvelarnos mucho, y tratamos de seguir durmiendo. Pero el tiempo pasa y llega un momento en el que te planteas si ya es el momento de que duerma en su propia habitación.

Se suelen presentar diferentes casuísticas. Por un lado, tenemos a los padres que prefieren seguir durmiendo con el niño hasta que él toma la decisión de cambiarse de habitación. Por otro, tenemos a los que creen que ya ha llegado el momento de que esté en su habitación por una cuestión de comodidad para todos, para dormir mejor. Por supuesto, existen otros casos que suelo ver en consulta: padres que, aunque quieran hacer el cambio, no pueden por algún motivo, ya sea porque el niño se despierta muchas veces por la noche y termina en su cama, porque tienen miedo de que lo pase mal o simplemente porque están agotados y no tienen energía para enfrentarse.

Lo cierto es que no hay una única forma correcta de hacerlo. Pero es importante tener en cuenta cómo está afectando esta situación al descanso, a la dinámica familiar y a la autonomía del niño. En este punto, más allá de lo que deberíamos hacer, conviene preguntarse: «¿Cuál es nuestra motivación real para cambiar? ¿Qué sentimos nosotros como padres respecto a este paso? ¿Y qué señales está dando nuestro hijo?».

En este apartado vamos a ver cómo acompañarlo en este proceso si decidimos dar el paso, qué cosas debemos tener en cuenta para que la transición sea más amable y, como siempre, también hablaremos de errores comunes que se deben evitar y de cómo detectar si hay algo más detrás de la resistencia al cambio. A la pregunta que muchos padres y madres se hacen («¿Cuál es la edad indicada para que pasen de nuestra habitación a la suya?») te contestaré que, según la teoría, hay una edad mínima donde debemos acompañarlo. La Asociación Americana de Pediatría y la Asociación Española de Pediatría recomiendan compartir habitación con el bebé hasta entre los seis y los doce meses.

Sin embargo, no se ha establecido una edad máxima hasta la que se recomiende que los niños duerman en la misma habitación que los padres. Por lo general, muchas familias hacen el cambio entre el primer y el tercer año de vida. Según mi experiencia, esta suele ser una buena edad para hacerlo, aunque, como siempre, no hay un momento ideal y cada familia debe decidir cuándo es mejor.

Eso sí, intenta que no se llegue a una situación en la que este tema deteriore la relación de pareja. En mi consulta suelo ver a parejas desgastadas y cada vez más distanciadas tras el nacimiento de sus hijos y una de las causas más comunes de ese distanciamiento es dejar de compartir la cama. En algunos casos, la madre o el padre acaban dejando el dormitorio conyugal para dormir más cómodos con el niño y, aunque pueda parecer una solución temporal, a largo plazo puede generar una desconexión importante, ya que se aleja del modelo de convivencia que la pareja solía tener.

Hay que hacerse a la idea de que el proceso de cambio de habitación en la mayoría de los casos suele ser progresivo, aunque hay muchos niños que sorprenden y duermen casi toda la primera noche sin problema ninguno solos en su habitación. Ahora bien, **si piensas que el momento ha llegado, es necesario que tengas paciencia y mu-**

cha energía, como les digo a muchos padres y madres en la consulta. Si estás pasando por un momento de mucho trabajo, alguna enfermedad o tienes poca energía, es mejor dejarlo para un poco más adelante. El secreto está en la constancia: ya tardes dos días o cinco semanas, si sigues las recomendaciones, lo conseguirás. No te rindas. Las recomendaciones que se dan en este capítulo te servirán sea cual sea la edad de tu hijo. Serán pautas muy parecidas tanto si tiene un año y medio como ocho.

Caso de Paula

Paula es una niña de tres años. Sus padres llevan desde que nació durmiendo con ella, primero en la cama los tres juntos y después Paula y mamá en la cama y papá en la habitación de Paula. Han intentado varias veces hacer el cambio de cama, pero parece imposible. Paula empieza a llorar, dice que tiene miedo y no hay manera de que se quiera quedar en su habitación sola.

¿CÓMO PUEDO AYUDAR A MI HIJO?

Hasta los tres años

En los primeros años, la habitación del niño es un espacio que poco a poco debe convertirse en un lugar seguro y familiar. Podemos empezar jugando con él en su cuarto, pintando, leyendo o explorando juntos, para que lo perciba como un lugar agradable. Las siestas en su habitación son una excelente forma de asociar este espacio con el descanso, antes de pasar a dormir por la noche. Al principio, estar cerca de él mientras concilia el sueño le aporta seguridad; con el tiempo, podemos ir reduciendo nuestra presencia poco a poco. Una luz tenue y cálida suele ayudar a que se sienta más tranquilo y atender sus llamadas durante la noche refuerza la sensación de seguridad.

De tres a cinco años

Durante esta etapa, los niños ya pueden empezar a sentirse orgullosos de su habitación. Involucrarlo en la decoración, eligiendo colores, adornos o elementos que le gusten, le hace sentir que el espacio es suyo. Mantener una rutina estable antes de dormir, como leer un cuento, abrazar su peluche o charlar unos minutos, le ayuda a relajarse y a anticipar que es hora de dormir. Es bueno acompañarlo al principio, pero poco a poco podemos sentarnos en una silla cerca de la cama y alejarnos gradualmente, reforzando su autonomía sin que se sienta solo. Las siestas siguen siendo útiles para consolidar la asociación de su habitación con el descanso.

De seis a ocho años

Cuando los niños han cumplido los seis años, podemos decir que en su gran mayoría ya pueden dormir solos durante la noche, pero sigue siendo útil mantener algunos elementos de acompañamiento. Podemos acordar noches especiales, por ejemplo una vez al mes, en las que duerma con mamá o papá, lo que crea un momento de ilusión y conexión. El refuerzo verbal también es importante: felicitarlo por dormir en su habitación o decirle «Me encanta que estés en tu habitación» o «Veo que has dormido genial» refuerza su autoestima y motivación. Seguir respetando la rutina antes de dormir, ofrecer un espacio acogedor y seguro, y estar disponibles si nos llama por la noche ayuda a que perciba su habitación como un lugar seguro, cálido y propio.

ERRORES COMUNES

- **Dejarlo dormir de nuevo en la cama conyugal.** Si cada vez que se despierta lo dejamos dormir con nosotros, se acostumbrará a este hábito y no conseguirá dormir siempre en su habitación. Además, se podría sentir desubicado porque habrá veces que no sepa en qué cama está.
- **Luz en su habitación.** Como ya dijimos anteriormente, podemos dejar una tenue luz cerca, pero, si es fuerte o está en su misma habitación, podría interferir con la hormona del sueño (la melatonina) y dificultarle conciliar el sueño.
- **Castigos y enfados.** Enfadarse si el niño no consigue dormir en su habitación hace que pierda confianza en sí mismo y se frustre más.

- **Hacer el cambio en un mal momento.** Intentar que duerma solo cuando está atravesando una etapa difícil (como el nacimiento de un hermano, un cambio de colegio o una enfermedad) puede generar más ansiedad y resistencia. Es mejor esperar a que se sienta estable y seguro para iniciar este proceso. Esto lo veremos también a continuación, cuando abordemos la llegada de un hermano.

EMPEZAR EN LA GUARDERÍA O COLEGIO

Como madre, te confieso que es difícil imaginarse el quebradero de cabeza y la angustia que supone el momento en el que tenemos que dar el paso de que nuestro hijo salga del hogar y empiece a ser cuidado por manos ajenas. No hablo solo de la angustia del niño. Hablo de la nuestra, la de los padres y madres.

Buscamos el mejor centro posible para nuestro hijo: que no esté masificado, que sea accesible y cercano, que no solo se enfoquen en lo académico, sino que también cuiden del bienestar emocional, que tenga espacios agradables para jugar, explorar y fomentar la creatividad, que estén bien atendidos, que respeten sus ritmos, que los profesores sean cariñosos. Si, además, siguen una pedagogía del tipo Montessori o Reggio Emilia, mejor aún.

Una vez que encontramos ese lugar, llega el momento de asumir lo más difícil: nuestro pequeño va a pasar muchas horas allí, sin nosotros. No seremos quienes lo arropen si llora ni quienes escuchen de primera mano lo que le ocurre. Y, aunque racionalmente entendemos que es un paso importante para su crecimiento, la idea de perder ese control puede ponernos muy nerviosos.

Aunque no digas nada delante de tu hijo, él lo percibe todo: tu tensión, tu miedo, tu preocupación... le llegan por los gestos, por el tono de voz, por cómo lo abrazas un poco más fuerte esa mañana. Y, **sin querer, esa inseguridad también se la trasladas a él.**

No eres la única persona que se ha sentido así. Diversos estudios lo respaldan. Por ejemplo, un informe de la Universidad de Harvard (Center on the Developing Child, 2021) señala que el entorno emocional del niño durante las transiciones importantes, como el inicio de la escolarización, influye directamente en su adaptación y bienestar emocional a largo plazo. Es decir, si los padres están tranquilos y se sienten seguros y confiados, el niño también lo estará. Si, por el contrario, el adulto transmite nerviosismo, incertidumbre o tristeza, es muy probable que el niño también lo sienta.

Por eso, en este apartado quiero ayudarte a prepararte a ti primero, para que puedas acompañar mejor a tu hijo en esta transición. Vamos a ver cómo podemos hacer que este paso tan importante lo viva de la forma más tranquila posible, con confianza y seguridad tanto para tu hijo como para ti.

Caso de Sofía

Sofía tiene dos años y ha empezado primero de Educación Infantil. Es su primer año en el colegio y, como es de las más pequeñas de su clase, todavía no ha cumplido los tres. Desde el primer día entra llorando, agarrada de la mano de su madre, que siente una pena enorme al verla así.

El momento de la despedida se ha vuelto un auténtico calvario. Sofía se aferra con fuerza a su madre y, cada mañana, son las profesoras quienes tienen que separarla de sus brazos. Ya es finales de octubre, ha pasado casi un mes desde que comenzaron las clases, pero nada mejora. Cada día, la madre llega más nerviosa, con el corazón en un puño, pensando que su hija está sufriendo y que tiene que dejarla allí. «¿Hasta cuándo será así?», se preguntan sus padres.

¿CÓMO PUEDO AYUDAR A MI HIJO?

Hasta los tres años

Para los más pequeños, la adaptación al colegio o la guardería puede ser complicada, tanto para ellos como para nosotros. Cuida las reacciones que tengas: los niños perciben mucho más de lo que creemos y, si te ven nervioso o preocupado, su inseguridad aumentará. Transmitir calma y confianza, aunque por dentro estés nervioso, les ayuda a sentirse más seguros. Es clave preparar las rutinas de sueño con antelación: acostarse antes y despertarse un poco más temprano cada día permite que el cambio sea más gradual y menos brusco. También es importante que tú te adaptes al proceso: aceptar que cada niño lleva un tiempo y que es normal sentir cierta ansiedad te permitirá acompañarlo mejor sin transmitir tensión.

La despedida debe ser breve y clara. Una frase concreta y un beso, como «Luego vengo a buscarte. Te quiero mucho», funciona mejor que despedidas largas o repetidas, que pueden reforzar la ansiedad. Hablar en positivo sobre la guardería o el colegio ayuda mucho: evita expresiones que generen pena o miedo y, en cambio, resalta experiencias agradables, como «Ahora vas a estar con tus amigos y después te vengo a buscar». Anticipar lo que va a pasar, describiendo cómo será el día, qué actividades hará y quién estará con él, proporciona seguridad y reduce la sensación de incertidumbre.

De tres a cinco años

En la etapa preescolar, los niños empiezan a comprender mejor las rutinas y pueden manejar un poco más la separación, pero todavía necesitan nuestro acompañamiento emocional. **Mantener la calma y transmitir confianza** sigue siendo fundamental: tus emociones influyen directamente en cómo ellos perciben la experiencia. Ajustar poco a poco los horarios de sueño ayuda a que el cambio de rutina sea más fácil y menos estresante. Adaptarse al proceso y aceptar que llevará tiempo permite acompañarlos con paciencia y tranquilidad.

Las despedidas deben seguir siendo breves y claras. Les ayuda a sentirse preparados hablar de la escuela en positivo, así como refuerza su seguridad anticipar lo que sucederá durante el día. Contarles qué actividades harán, con quién jugarán y cuándo volverás a buscarlos les da control sobre la situación y reduce la ansiedad. Poco a poco, con constancia y cariño, los niños aprenden a afrontar la separación con confianza y autonomía.

ERRORES COMUNES

- **Llorar en la entrada del centro escolar.** Aunque se te haga un nudo en la garganta, trata de contener las lágrimas en su presencia. Si ve que tú sufres, sentirá que hay algo malo en quedarse y eso aumentará su angustia.
- **Tener expectativas poco realistas.** Que tu hijo sea sociable o haya ido antes a una guardería no significa que no le cueste este nuevo cambio. Cada etapa es diferente y no siempre se adaptan como esperábamos. No compares ni presiones.
- **Salir con el tiempo justo o llegar tarde.** Las prisas generan tensión desde el primer minuto. Intenta que las mañanas sean lo más tranquilas y predecibles posible. Unos minutos de margen marcan la diferencia.
- **No te enredes en diálogos eternos.** Hay niños que, al sentirse inseguros, alargan las conversaciones antes de separarse, buscando que los tranquilices una y otra vez: «¿Y si lloro?», «¿Y si no me acuerdo de ti?», «¿Y si no me gusta el cole?». No es que quieran manipularte, sino que necesitan seguridad. Si cada día respondemos con largos discursos, reforzamos la idea de que hay algo de lo que preocuparse.
- **Irte sin despedirte.** A veces, por evitar que llore, los padres se escapan sin decir adiós. Esto genera inseguridad y sensación de abandono. Una despedida breve pero clara es mucho mejor que desaparecer sin previo aviso.
- **Interrogatorios al salir.** Evita recibirlo con un aluvión de preguntas. A los niños no les gusta sentirse examinados. Puedes hacer una o dos preguntas abiertas —«¿Con quién has jugado hoy?» o «¿Qué ha sido lo que más te ha gustado?»— y luego dejar que cuente según desee.
- **Volverte a mirar de manera constante o alargar el adiós.** Irte y luego volver a mirar o regresar para ver si está bien solo prolonga la ansiedad. Confía en que el personal del centro sabrá manejar la situación y que tú has hecho tu parte.

LLEGADA DE UN HERMANO

La llegada de un nuevo miembro a la familia supone un gran cambio tanto para nuestro hijo como para nosotros. El recién nacido concentra la atención, los cuidados y el afecto de todos y la vida familiar empieza a regularse en función de sus necesidades. Tu hijo era el rey de la casa: todos le hacían caso, le decían lo mono que era y lo bien que hacía las cosas. Ahora alguien nuevo hace todas esas mismas monerías que él hacía y, de pronto, el que era el centro de atención pasa a convertirse en «el hermano mayor», una etiqueta que no siempre le hará mucha gracia. De hecho, en algunos casos puede convertirse en una carga. Le decimos frases como «Ahora eres el hermano mayor, así que tienes que dar buen ejemplo» y nos olvidamos de que sigue siendo un niño, que también necesita protección, atención, ayuda para enmendar sus errores y mucho cariño. No perdamos de vista que ser el mayor no significa haber crecido de un día para otro.

Es natural que al principio muchos niños se muestren ilusionados con la llegada del bebé, pero con el paso de los días o semanas puede ir apareciendo cierto malestar emocional. Aunque no siempre se exprese con palabras, los niños que habían sido únicos hasta la llegada del hermano o de la hermana sienten que su lugar en la familia ha cambiado. Estudios como los de Volling *et al.* (2014) muestran que la adaptación del hermano mayor depende en gran medida del acompañamiento emocional que reciba de sus padres. Por eso es tan importante validar lo que siente, sin reproches ni expectativas irreales.

Al contrario de lo que algunos padres puedan pensar, **los celos entre hermanos no significan que se lleven mal** o que el mayor quiera dar a entender que «odia a su hermano» o «no lo quiere». Los celos suelen aparecer de forma más sutil y no siempre surgen justo después del nacimiento del bebé. De hecho, en la mayoría de los casos, cuando ese pequeño empieza a crecer, a hacer sus gracias, a caminar, a llamar la atención con sus dibujos o travesuras (que nos resultan tan tiernas), comienza esa sensación de competencia para el hermano mayor. Es entonces cuando empiezan a notarse ciertas actitudes que pueden ser una señal de que necesita más acompañamiento.

En esta etapa es muy habitual que el hermano mayor dé muestras de ciertas conductas regresivas: puede que vuelva a pedir el chupete, que quiera dormir con sus padres de nuevo, que empiece a hablar como si fuera más pequeño o que pida ayuda para cosas que ya sabía hacer solo. No se trata de un retroceso real, sino de una forma de demandar atención y reafirmar su lugar en la familia. No debemos tomárnoslo como un desafío, sino como una señal de que necesita sentirse visto y querido. Validar su necesidad, dedicarle tiempo solo a él o a ella y recordarle lo importante que es para nosotros sigue siendo fundamental, especialmente cuando hay un nuevo bebé en casa.

Nuestro papel principal en esta etapa (además de darle todos los cuidados y amor al nuevo bebé) será acompañar al hermano mayor explicándole qué va a ganar a partir de ahora, para que no se enfoque solo en lo que pierde. Tendrá un hermano con el que jugar y compartir cosas divertidas.

Caso de Fabio

Fabio tiene cinco años y su hermano pequeño tiene casi uno. Durante los primeros meses, sus padres estaban sorprendidos porque no habían notado grandes cambios en el hermano mayor. Se mostraba cariñoso con el bebé, lo llamaba por su nombre y hasta ayudaba con los pañales.

Pero, en las últimas semanas, algo ha cambiado. Fabio ha empezado a pedir cosas que hacía tiempo que no necesitaba: quiere que lo vistan por las mañanas, que le den la comida en la boca y hasta que lo lleven en brazos para bajar las escaleras. Cada vez que su madre le dice que ya es mayor para eso, Fabio responde serio: «Es que, cuando el bebé era pequeño, tú le hacías todo eso, y a mí ya no».

Un día, mientras doblaban ropa del pequeño, Fabio metió una camiseta suya en el cajón del hermano y dijo: «Así ya sabe que yo también estoy aquí».

¿CÓMO PUEDO AYUDAR A MI HIJO?

Hasta los tres años

A los más pequeños les cuesta entender lo que significa la llegada de un nuevo hermano, así que necesitan mucha seguridad y atención. Pasar tiempo en exclusiva con mamá (sé que es muy complicado, por lo que unos minutos mientras duerme el bebé es suficiente) o con papá, sin el bebé cerca, les hace sentirse vistos y especiales. También es útil incluirlos en pequeñas tareas, como ayudarte a elegir un juguete para el bebé u organizar la ropa del más pequeño, para que se sientan parte del proceso. Hablar con los abuelos y el resto de la familia para que sigan prestando atención al mayor asegura que no se sienta desplazado.

De tres a cinco años

Durante la etapa preescolar, las niñas y niños comprenden mejor los cambios y pueden empezar a relacionarse con su hermano, aunque todavía necesitan que los guíen. Mostrarles fotos o vídeos de cuando eran bebés les ayuda a entender que ellos también necesitaban cuidados y atención, igual que el nuevo hermanito. Explicar con claridad cómo serán las nuevas rutinas en casa y anticipar cambios importantes les proporciona seguridad. Es recomendable no hacer grandes cambios, como retirar el pañal o cambiar de habitación, antes de la llegada del bebé, para que no asocien estas transiciones con la llegada del nuevo miembro a la familia.

De seis a ocho años

A partir de esta edad, los niños pueden comprender mejor la dinámica familiar y participar de forma activa. Favorecer juegos entre ambos hermanos permite que aprendan a relacionarse. Al principio debes acompañar, pero poco a poco te vas retirando. Es fundamental expresarle constantemente tu amor con palabras y gestos: asegurarle que sigue siendo igual de importante y muy querido le da seguridad emocional. No tengas miedo a que se vuelva mimoso: lo que necesita en estos momentos es sentir que su lugar en la familia sigue siendo seguro y especial.

ERRORES COMUNES

- **Compararlo con el nuevo hermano.** Comparar sus conductas o habilidades solo alimenta la rivalidad. Son hermanos, no competidores.
- **Reforzar su papel de hermano mayor de forma negativa.** Si cada vez que lo corriges le dices «porque eres el mayor», es normal que rechace ese nuevo rol. Recuerda que sigue siendo un niño.
- **Darles exactamente lo mismo a los dos.** Tratar de compensar con regalos o atención duplicada no siempre es la mejor estrategia. No tienen las mismas necesidades, por lo que está bien que haya diferencias, siempre que no se llegue a un desequilibrio injusto.
- **Delegar por completo su cuidado en el papá.** Es comprensible que, si mamá da el pecho, ella pase más tiempo con el bebé, pero eso no significa que el mayor ya no la necesite. A veces bastan diez minutos de conexión real para que él se sienta atendido.
- **Delegar demasiado en abuelos o tíos.** Es fantástico que cuente con el apoyo de los abuelos, pero, si al llegar el bebé, aumenta el tiempo que pasa fuera de casa, la niña o el niño puede sentirse apartado. Es preferible, en la medida de lo posible, que los abuelos vengan a casa a ayudar con el bebé, en lugar de sacar al mayor de su entorno habitual.

SEPARACIÓN DE LOS PADRES

Puede ser que te encuentres en la situación de estar pensando en separarte de tu pareja o que ya hayas dado ese paso hace algún tiempo. Sea como sea, voy a tratar de ayudarte y hablar de ambas situaciones. Lo que nos gustaría como padres y madres es meter en una burbuja a nuestros hijos y ahorrarles el sufrimiento de que sus padres se separan. Está claro que no podremos impedir que nuestros hijos sufran, pues es una situación desagradable para todos. Sin embargo, lo que te puedo asegurar es que mis consejos te servirán para reducir ese sufrimiento al mínimo y no añadir dolor a la situación. Sabemos cuál es la mejor forma de ayudarlos y al mismo tiempo ayudarnos a nosotros a estar más seguros a la hora de saber lo que debemos decir y hacer.

Sé bien que no todos los casos de separación son iguales; algunos son especialmente duros y dolorosos, por lo que no se podrán aplicar todas las recomendaciones al pie de la letra. En todo caso, además de hacerte llegar toda mi fuerza y apoyo, si te encuentras en uno de esos casos más complejos, espero que puedas seguir alguna de las recomendaciones que voy a compartir.

La separación es un proceso complicado para toda la familia, por lo que te recomiendo encarecidamente que acudas a un profesional no solo para buscar ayuda para tus hijos, sino para que pueda ayudarte a ti también.

Tu hijo no siempre sabrá poner en palabras cómo se siente. **Su malestar puede manifestarse a través de cambios emocionales, físicos o de conducta.** Dependiendo de su edad y carácter, puede volverse más irritable, ansioso o triste, sufrir dolores de barriga, dormir peor o incluso mostrarse más desobediente o agresivo. Cada niño vive la separación a su manera, pero, si estamos atentos, podremos detectar cuándo algo le está costando.

Caso de Paloma

Paloma es una niña de ocho años muy unida a sus padres. Siempre han sido «los tres mosqueteros»: es hija única y sus abuelos han fallecido, por lo que su núcleo afectivo ha estado siempre centrado en mamá y papá. En casa, la situación se ha vuelto cada vez más difícil. Las discusiones entre sus padres son el pan de cada día. Ambos están irritables, no disfrutan compartiendo momentos juntos y ya no se dan muestras de cariño.

Han hablado sobre la posibilidad de separarse, pero el miedo a hacerle daño a Paloma los paraliza. Su círculo afectivo es tan reducido que se preguntan: «¿Cómo lo va a llevar la pobre Paloma?». Además, no saben cómo organizarse ni cómo se turnarían para estar con ella.

Lo que no alcanzan a ver es que, sin darse cuenta, ya le están haciendo daño sin pretenderlo. Le están mostrando una relación de pareja disfuncional y han creado un clima familiar cargado de tensión.

¿CÓMO PUEDO AYUDAR A MI HIJO?

Hasta los tres años

Los más pequeños todavía no comprenden bien en qué consiste una separación, pero sí perciben emociones y cambios en su entorno. Es fundamental transmitirles estabilidad y seguridad. Aunque no puedan entender todos los detalles, ver que ambos padres permanecen tranquilos y presentes les ayuda a sentirse protegidos. Crear espacios de comunicación sencillos, a través de preguntas breves sobre cómo se sienten u observando su lenguaje corporal, permite acompañar sus emociones sin agobiarles.

De tres a cinco años

En esta etapa, los niños comienzan a entender de forma más clara los cambios y necesitan explicaciones sencillas y coherentes. Es importante que ambos progenitores les comuniquen juntos la decisión de separarse, ofreciendo una misma versión y mostrando unidad frente al cambio. Deben entender que seguirán siendo una familia y que jamás perderán a sus padres. Se les puede explicar que nacieron fruto del amor y que, aunque la relación de pareja haya cambiado, el amor por ellos permanece intacto. Transmitir estabilidad dentro del cambio, señalando lo que seguirá igual en su rutina, colegio o actividades, ayuda a reducir la incertidumbre y el miedo.

De seis a ocho años

A esta edad los niños comprenden mejor los cambios, pero todavía necesitan guía y acompañamiento emocional. Crear espacios de comunicación regulares les permite tanto expresar lo que sienten como hablar de las dudas que les puedan surgir. También les da seguridad reforzar que siguen siendo una familia y que el amor de los padres permanece. Mantener la mayor coherencia posible entre los adultos, como cuando les explican juntos la separación, y destacar las cosas que continuarán igual —actividades, amigos o rutinas— contribuye a que se adapten mejor y desarrollen un sentimiento de confianza frente a esta nueva etapa.

ERRORES COMUNES

- **No responder a todas sus preguntas.** Siempre es mejor tratar de ser sinceros, adaptando las respuestas a su edad, que ignorar o esquivar las preguntas que nos pueda hacer. Si no encuentra respuestas por parte de los adultos de referencia, él mismo imaginará una versión que puede llegar a ser más dañina o confusa.
- **Hablar mal el uno del otro.** Puede que tu expareja te haya hecho mucho daño, pero es fundamental no colocar a tu hijo en medio del conflicto y hablarle mal de la otra persona. Esto solo le genera confusión, tristeza e impotencia porque se siente dividido entre dos personas a las que quiere. Además, es una situación cuya solución no está en sus manos y, por tanto, se trata de un sufrimiento que podemos evitarle.
- **Hacer del niño un recadero.** Evita los mensajes del tipo «Dile a tu madre/padre que...». Recuerda que tu hijo no es un mensajero. Aunque no sea de tu agrado, debes comunicarle a tu expareja lo que necesitas. Con este tipo de situaciones podemos hacerle sentir mal y preocuparlo por cuestiones que no son aún del ámbito de su responsabilidad.
- **Preocupar a tu hijo por temas económicos o legales.** Tu hijo no necesita cargar con preocupaciones que no le corresponden, como hemos dicho en el punto anterior. Hablarle de dinero, juicios o acuerdos solo le generará ansiedad. Necesita seguridad, no sentirse responsable ni culpable de los problemas de los adultos.
- **Hacer muchas cosas juntos (ambos progenitores).** Algunos padres pueden pensar que pasar tiempo juntos puede ayudar a que los niños lleven mejor la separación. Sin embargo, puede ser algo confuso para ellos y crearles la falsa esperanza de que mamá y papá se lo están pensando mejor.

FALLECIMIENTO DE MASCOTAS Y FAMILIARES

Pocas cosas nos dan más miedo que la muerte y todo lo relacionado con ella. Es un tema que se escapa a nuestro control y entendimiento, un concepto complejo y, sin embargo, parte intrínseca de la vida. Nos guste o no, nuestros hijos se tendrán que enfrentar en algún momento a la experiencia de perder a alguien cercano. Nunca será un buen momento, por lo que ojalá sea lo más tarde posible.

Igual que ocurre con la sexualidad, no es necesario esperar a que ocurra una pérdida para hablar sobre la muerte. Podemos introducir el tema de forma natural, por ejemplo, a través de la observación de la naturaleza o hablando de los animales. Estos momentos cotidianos pueden ser una oportunidad para que empiecen a familiarizarse con el concepto de la vida y la muerte de una manera sencilla.

Numerosos estudios en psicología evolutiva han demostrado que los niños, incluso desde muy pequeños, son capaces de comprender la muerte en diferentes niveles y que su forma de afrontarla depende en gran parte de cómo la familia gestiona la situación. Según Worden (1996), uno de los autores más reconocidos en el estudio del duelo infantil, lo que más ayuda a un niño a superar una pérdida no es evitar el tema, sino recibir información clara, apoyo emocional constante y vivir en un entorno que respete su proceso. Por eso es fundamental que estemos disponibles para responder sus preguntas, respetar sus emociones y no invalidar su forma particular de vivir el duelo.

Las reacciones de los niños ante una pérdida pueden ser muy variadas, aunque en muchos casos son completamente normales. Es frecuente observar cambios de comportamiento, como mayor irritabilidad, llanto, necesidad de más contacto físico o incluso regresiones (volver a pedir el chupete, hacerse pis por la noche, etc.). También es habitual que hagan las mismas preguntas sin cesar, como «¿Y tú también te vas a morir?», no porque no hayan entendido la respuesta, sino porque necesitan reafirmarse y procesar lo que están sintiendo. El juego simbólico es otra vía a través de la cual expresan su duelo: a veces juegan a que alguien muere, resucita o desaparece; es su forma natural de procesar lo vivido. Cuando la pérdida es una mascota, no debemos subestimarla: para muchos niños el vínculo con su animal es tan fuerte que el dolor que sienten puede ser tan intenso como si hubieran perdido a una persona cercana.

Es importante recordar que cada niño vive el duelo a su ritmo y a su manera. **Algunas reacciones no aparecen de inmediato, sino que pueden manifestarse con el tiempo**, a través de cambios sutiles en el comportamiento o en el estado de ánimo. Como madres y padres, debemos estar atentos a signos que podrían indicar que necesitan más ayuda: aislamiento excesivo, síntomas físicos persistentes sin causa médica, una tristeza profunda que no mejora con el paso de las semanas o miedos intensos relacionados con la muerte. En estos casos, no dudes en consultar con un profesional que pueda acompañaros en el proceso.

¿Cómo entienden la muerte los niños según la edad?	
Menores de 3 años	No comprenden la noción de permanencia, pero sí notan el cambio y el ambiente emocional.
Entre 3 y 6 años	Visión mágica, pueden pensar que la muerte es reversible.
Entre 6 y 8 años	Empiezan a comprender la irreversibilidad, pero aún les cuesta procesar el duelo.

Caso de Rafa

Rafa es un niño de siete años. Sus papás tenían un perrito desde hacía más de quince años y, desde que él nació, siempre había estado a su lado. Se podría decir que era su mejor amigo. Pero la mascota de Rafa y sus papás enfermó hace unos meses y hace una semana falleció.

Los padres de Rafa no se atreven a decírselo porque piensan que se va a entristecer mucho, así que le dicen que se han llevado al perro con unos familiares lejanos que tienen una casa más grande porque allí tendrá más espacio para jugar. El caso es que Rafa no para de preguntar por el perrito e insiste en que quiere ir a verlo. Los padres ya no saben qué más decirle.

¿CÓMO PUEDO AYUDAR A MI HIJO?

Hasta los tres años

Cuando son tan pequeños, les cuesta más comprender la permanencia de la muerte, pero perciben emociones y cambios en el entorno. Es fundamental usar palabras claras y sinceras, evitando expresiones como «Se fue» o «Está dormido», y adaptar la palabra *muerte* a su nivel. Validar lo que sienten, mostrando calma y cercanía, les permite expresar tristeza sin sentirse juzgados. Compartir tu propia tristeza de manera tranquila les enseña que está bien sentir y mostrar emociones. Mantener las rutinas diarias les proporciona seguridad y estabilidad en momentos de confusión o pérdida.

De tres a cinco años

A esta edad, los niños empiezan a notar la ausencia y pueden hablar sobre la muerte, aunque todavía la entienden como algo reversible o temporal. Pueden pensar que la persona o el animal volverá o que está dormido por mucho tiempo. Lo importante es acompañarlos con palabras sencillas y mucho cariño, sin evitar el tema. Podemos decir, por ejemplo: «Ha muerto y eso significa que su cuerpo ya no funciona, que no puede volver, pero lo seguimos queriendo y recordando».

Los cuentos, los dibujos y los pequeños rituales simbólicos (plantar una flor, hacer un dibujo, mirar fotos juntos) ayudan a expresar lo que sienten. A veces no necesitan respuestas, sino sentir que pueden preguntar sin miedo y que hay un adulto que los abraza cuando no alcanzan a entender.

De seis a ocho años

En los primeros años de Primaria, los niños comprenden mejor la permanencia de la muerte y la pueden asociar a sentimientos de tristeza, nostalgia o miedo, aunque a algunos aún les sigue costando comprenderla del todo. Validar sus emociones y compartir la tuya con calma refuerza que está bien sentir y mostrar tristeza. Mantener las rutinas y pequeños momentos juntos aporta seguridad y ayuda a estabilizar su día a día. Los rituales simbólicos continúan siendo importantes, por lo que responder con sinceridad a sus preguntas les permite procesar la pérdida, encontrar significado y aprender a gestionar emociones complejas de manera segura y acompañada.

ERRORES COMUNES

- **Hablar de la muerte con dramatismo.** Frases como «Ya no volverás a verlo nunca» o «Se lo ha llevado Dios porque lo necesitaba» pueden ser demasiado duras o confusas para los niños. Lo mejor es hablar con claridad y serenidad.
- **Mentirles o disfrazar la realidad.** Decir que «se fue de viaje» o que «está dormido» puede generar miedo, confusión o falsas expectativas. Los niños necesitan confiar en lo que les decimos, incluso en los momentos difíciles.
- **Forzarles a mostrar emociones que no sienten.** Algunos niños lloran, otros no. No todos expresan el duelo igual. No le digas «¿Por qué no estás triste?» o «Dale un beso de despedida» si no le sale hacerlo. Es clave respetar su forma de vivir el proceso.
- **Evitar hablar del tema «para que no se ponga triste».** El silencio no protege, solo deja al niño solo con sus pensamientos y miedos. Hablar de la persona, de los recuerdos y de lo que pasó le ayuda a entender y elaborar la pérdida.
- **Subestimar la pérdida de una mascota.** Decir «Era solo un animal» o «Ya te compraremos otro» invalida el vínculo que tenía. Para muchos niños, su mascota era un miembro más de la familia. Honrar ese vínculo es fundamental para su proceso emocional.

CAMBIO DE COLEGIO

Llegada la hora de cambiar a nuestro hijo de colegio se nos presenta un mar de dudas. «¿Y si el otro colegio es peor?, ¿y si no supera el dejar a sus amigos atrás?, ¿y si me equivoco tomando esta decisión y va a ser un trauma para mi hijo?». El cambio de colegio es un evento significativo en la vida de un niño. Aunque puede ser una oportunidad de crecimiento personal y social, también podría convertirse en una fuente de ansiedad y estrés, sobre todo en las primeras semanas o meses tras el cambio. Los niños y niñas enfrentan la pérdida de amistades, la adaptación a un entorno desconocido y el reto de integrarse en un nuevo contexto académico. Este proceso puede influir en su autoestima, rendimiento escolar y bienestar emocional. El psicólogo infantil Daniel J. Siegel afirma que «los cambios en el entorno pueden provocar una respuesta emocional intensa en los niños, ya que su sentido de seguridad y pertenencia se ve amenazado» (Siegel & Bryson, 2012). Esta reflexión subraya la importancia de comprender cómo los cambios significativos afectan al desarrollo emocional de los niños y cómo podemos apoyarlos en este proceso.

No obstante, estoy segura de que, si has tomando la decisión de cambiarlo de escuela, es porque será lo mejor para tu hijo y para la familia. Solo ten en cuenta esta información para acompañarlo de la mejor manera y empatizar con tu hijo en un momento que puede resultarle algo complicado. La familia desempeña un papel fundamental como red de apoyo, por lo que el acompañamiento hará que tu hijo se sienta más comprendido y seguro durante el proceso.

Caso de Lucas

Lucas, un niño de seis años, siempre había sido extrovertido y seguro de sí mismo. Sin embargo, cuando su familia se mudó a otra ciudad por motivos laborales, tuvo que cambiar de colegio. En su nuevo entorno, Lucas se sintió desorientado por las diferencias culturales y sociales. Sus compañeros ya tenían grupos establecidos y él no sabía cómo acercarse a ellos.

Después de un mes en el nuevo colegio, Lucas comenzó a mostrar algunos signos que hacían preocupar a sus padres: dolores de estómago antes de ir a la escuela, cambios en el apetito y un descenso en sus calificaciones. Sus padres le decían que estaba en un colegio maravilloso y que tenía que intentar adaptarse, pero Lucas no sabía cómo hacerlo. El proceso iba a llevar algo más de tiempo de lo que todos pensaban.

¿CÓMO PUEDO AYUDAR A MI HIJO?

Hasta los tres años

A esta edad, el cambio de entorno puede resultar confuso y generar ansiedad. Visitar el nuevo colegio antes de iniciar las clases le ayuda a familiarizarse con el lugar, los espacios y algunas rutinas, reduciendo el miedo a lo desconocido. Es importante hablar con los futuros profesores sobre las necesidades y particularidades de tu hijo, para que puedan acompañarlo sin tratarlo de manera diferente, pero entendiendo cómo se puede sentir. Mantener la escucha activa y dar espacio a que se exprese, aunque sea a través de gestos o palabras simples, permite que se sienta acompañado y comprendido.

De tres a cinco años

En la etapa preescolar, los niños empiezan a tener más conciencia de los cambios y a verbalizar las emociones que sienten. Validar sus sentimientos con frases como «Es normal sentirse nervioso» o «Entiendo que extrañes a tus amigos» les ayuda a normalizar sus emociones y a sentirse seguros en esta transición. Organizar encuentros con nuevos compañeros o invitar a algunos a casa para jugar refuerza la creación de nuevos vínculos. Mantener contacto con antiguos amigos, aunque sea de forma esporádica, también aporta estabilidad y seguridad emocional en este periodo de adaptación.

De seis a ocho años

Entre los seis y los ocho años, los niños comprenden mejor los cambios sociales y pueden anticipar determinadas situaciones. Las visitas al nuevo colegio y la comunicación con los profesores siguen siendo útiles para prepararlos y facilitar la transición. Inscribirlos en actividades extraescolares de su interés, preferiblemente dentro del colegio, les permite conocer nuevos amigos con intereses similares y fortalecer su integración. También ayuda a consolidar amistades y a que se sientan parte del grupo favorecer encuentros en el parque o en casa con los nuevos compañeros. Al mismo tiempo, mantener contacto con antiguos compañeros durante los primeros momentos de adaptación proporciona apoyo emocional y confianza, al menos hasta que se sientan plenamente cómodos en su nuevo entorno.

ERRORES COMUNES

- **Menospreciar sus sentimientos.** Frases como «No es para tanto» o «Te acostumbrarás rápido» pueden invalidar sus emociones y dificultar la comunicación.
- **Forzar la adaptación.** Cada niño tiene su propio ritmo para adaptarse. La presión por integrarse rápidamente puede aumentar su estrés. Evita frases como «Ya llevas bastante tiempo en este colegio como para que sigas estando así».
- **Ocultar el cambio de clase lo máximo posible.** Algunos padres creen que lo mejor es ocultar el cambio de colegio hasta el último momento para evitar preocupaciones. Sin embargo, informarles justo antes de comenzar no suele ser una buena idea, ya que no le damos a su cerebro el tiempo necesario para procesar y asimilar el cambio. Necesitan anticiparse, prepararse emocionalmente y hacerse una idea de lo que está por venir.
- **No permitirle despedirse de los compañeros del colegio anterior.** Negar esta oportunidad puede dejar una sensación de ruptura brusca, de pérdida no elaborada y, a veces, incluso puede generar cierta confusión o resentimiento, dificultando el proceso de adaptación al nuevo colegio. No hace falta hacer una fiesta de despedida; simplemente debe permitírsele hablar con sus compañeros y contarles sobre el cambio y sus inquietudes.

RESUMEN

Los cambios son una parte inevitable de la vida, también para nuestros hijos. Aunque muchas veces sean necesarios o incluso positivos, no podemos olvidar que altera su rutina, su seguridad y su mundo emocional. Ya sea pasar a dormir en su propia habitación, la llegada de un nuevo hermano, una separación familiar, empezar el colegio o la pérdida de un ser querido, cada situación requiere que estemos presentes, disponibles y seamos empáticos.

A través de una mirada respetuosa y consciente, podemos ayudarlos a transitar estos momentos con calma y seguridad, que es lo que más necesitan. Cuando nos tomamos el tiempo de observar cómo lo están viviendo, cuando validamos sus emociones y creamos espacios de seguridad, estamos fortaleciendo sus recursos para el futuro. Y eso es uno de los mejores regalos que podemos hacerles.

CONSEJOS PARA MADRES Y PADRES

- **Anticipa siempre que sea posible.** Los niños necesitan saber lo que viene para poder adaptarse mejor. Habla con ellos con tiempo y de forma clara.
- **Valida sus emociones.** No intentes animarlo porque sí. Deja que exprese tristeza, miedo o enfado sin juzgarlo.
- **Mantén las rutinas.** En momentos de cambio, las rutinas le dan seguridad. No es momento de hacer más modificaciones de las necesarias.
- **Dale protagonismo en el proceso.** Permítele participar, elegir, decidir pequeños detalles... Le hará sentir que tiene algo de control.
- **Acompaña con paciencia, no con prisas.** Cada niño tiene su ritmo de adaptación. Forzar solo aumenta la resistencia.
- **Evita mensajes contradictorios.** No subestimes («No es para tanto») ni dramatices («Esto va a ser durísimo»); busca el equilibrio.
- **Busca apoyo profesional en caso necesario.** Si ves signos de malestar que se mantienen en el tiempo, pedir ayuda no es un fracaso, sino una muestra de amor.
- **Hazle sentir que no está solo en el cambio.** Recuérdale con palabras y hechos que tú también estás viviendo ese cambio con él, que puede contar contigo y que vais a ir poco a poco, juntos, encontrando el nuevo equilibrio.

 # COMPRUEBA

Marca lo que has puesto en práctica esta semana:

☐ ¿He anticipado el cambio con suficiente tiempo para que mi hijo se prepare emocionalmente?

☐ ¿He validado sus emociones aunque no las entienda o no me parezcan lógicas?

☐ ¿He mantenido las rutinas básicas (comida, sueño, tiempo juntos) lo más estables posible?

☐ ¿Le he explicado el cambio con palabras adaptadas a su edad, sin mentiras ni dramatismos?

☐ ¿He respetado su ritmo de adaptación sin forzar ni acelerar el proceso?

☐ ¿Lo he hecho sentir protagonista en este proceso?

☐ ¿He ofrecido más contacto físico, juego o momentos de conexión durante este periodo?

☐ ¿He hablado con otros adultos de referencia (profesores, cuidadores, abuelos) para que entiendan cómo se siente mi hijo?

☐ ¿He estado atento a señales de malestar que se prolonguen en el tiempo?

☐ ¿He considerado pedir ayuda profesional si he visto que el malestar no disminuía?

CAPÍTULO 4

Relaciones y socialización

Uno de los mayores deseos que tenemos como padres es que nuestros hijos se relacionen bien con los demás. Queremos que tengan amigos, que se sientan aceptados, que sepan comunicarse, poner límites y también respetarlos. Pero la realidad es que el mundo social puede ser complejo, incluso durante los primeros años de vida. No todos los niños se adaptan igual ni todos aprenden al mismo ritmo a convivir, compartir, resolver conflictos o expresarse.

En este capítulo vamos a hablar de algunos de los retos más frecuentes que aparecen cuando nuestros hijos se enfrentan al mundo social: el *bullying*, la timidez, las peleas con amigos o los primeros conflictos. También veremos la importancia de empezar a hablar de sexualidad desde una edad temprana y cómo hacerlo de forma natural.

Acompañarlos en su desarrollo social no significa evitarles cualquier disgusto, sino enseñarles a gestionar las emociones, a reconocer cuándo algo no está bien, a pedir ayuda si la necesitan y, sobre todo, a construir relaciones sanas y respetuosas. Porque, aunque a veces nos cueste aceptar que no siempre podremos protegerlos de todo, sí podemos darles las herramientas para que se protejan y se cuiden a sí mismos.

NIÑOS TÍMIDOS

Has observado que a tu hijo le cuesta interactuar con otros niños o adultos en algunas situaciones sociales. Tampoco es precisamente el que tiene la iniciativa de establecer contacto con otros niños cuando están en el parque, incluso en alguna ocasión se esconde detrás de ti o agacha la cabeza si alguien os saluda. Evidentemente, te preocupa que tu hijo no sepa relacionarse bien con los demás; en algunas ocasiones llegas a pasar vergüenza, no quieres que los demás piensen que tu hijo es un maleducado. Tenemos que tener en cuenta que este tipo de reacción puede reflejar nuestra propia ansiedad social. Es frecuente que los padres nos sintamos presionados por las expectativas sociales y deseemos que nuestros hijos se comporten de una manera correcta en público, por lo que pensamos «Si otros niños saludan, ¿por qué el mío no? Debería hacerlo».

¿TU HIJO ES TÍMIDO O INTROVERTIDO?

Ser un niño tímido, o bien ser introvertido, tiene un origen diferente, aunque algunas conductas se pueden llegar a parecer. Tienen en común que ambos tipos de personas rehúyen las situaciones sociales, a veces juegan solos, parecen más silenciosos o se expresan poco. Pero no todo es negativo. Los niños más tímidos e introvertidos suelen desarrollar habilidades de escucha, empatía y pensamiento crítico, son muy observadores y eso les da ciertos beneficios. Es importante que aprendas cuáles son las diferencias entre ser introvertido o tímido para poder ayudar mejor.

Ser introvertido es un rasgo de personalidad, como cualquier otro (calmado, dominante, seguro, sociable, despreocupado, sensible). A los niños introvertidos les gustan las actividades tranquilas, les gusta estar solos o con grupos reducidos de personas, leer, pintar o jugar sin nadie más. Evitan algunas situaciones sociales, como fiestas y eventos con mucha gente. Son así y no es un problema para ellos. No sufren.

La timidez aparece cuando el niño tiene dificultades a la hora de relacionarse con los demás, o bien hacerlo le causa miedo o ansiedad. La timidez se relaciona con baja autoestima y un bajo concepto de sí mismo. Es por eso que necesita de nuestra ayuda para enfrentarse a determinadas situaciones sociales. El niño tímido lo pasa mal y su timidez lo limita. Te recomiendo que no trates el tema de la timidez simplemente como una conducta que se debe corregir. Debemos centrar la energía en que el niño no sufra, esté más tranquilo en situaciones sociales y pueda tener un correcto desarrollo socioemocional.

Pongamos un ejemplo. Cuando invitaron a Tomás y a Maite a la fiesta de cumpleaños de su compañero de clase, ambos reaccionaron de manera diferente. Tomás, que es un niño introvertido, escuchó la invitación con indiferencia y respondió: «No sé, a lo mejor prefiero quedarme en casa». Se encogió de hombros y volvió a aquello a lo que estaba jugando. Por su parte, Maite, una niña algo tímida, se puso nerviosa y pensativa: «¿Y si nadie quiere jugar conmigo?», «Seguro que me voy a sentir sola». A pesar de que le gustaría ir a la fiesta, la idea de enfrentarse a un gran grupo de niños, en el que también habría algunos desconocidos, la llenaba de ansiedad.

¿Qué crees que le ocurre a tu hijo? ¿Se parece a Tomás o a Maite? Cuando veas a tu hijo en alguna situación en la que se aísla, duda o evita el contacto social, intenta observar cómo se siente. ¿Está tranquilo y simplemente prefiere estar a solas, o más bien lo ves incómodo, ansioso o con ganas de participar, pero sin atreverse? Esa diferencia es clave. Entender si se trata de introversión o timidez te permitirá acompañarlo mejor, sin forzarlo ni sobreprotegerlo, sino respetando su forma de ser y, al mismo tiempo, ayudándole a ganar seguridad cuando la necesite.

Caso de María

Los padres de María vinieron a consulta preocupados porque, cada vez que iban a un parque, su hija jamás se relacionaba con los otros niños. La madre era la que iba a buscar a algunas niñas y les decía que si querían jugar a algo, e incluso se quedaba jugando con las niñas para que María poco a poco se fuera acercando e introduciendo en el juego. Pero, si la madre se sentaba en un banco, María no se alejaba de ella. En alguna ocasión, cuando alguna niña ha ido a buscar a María, esta ha jugado con ella y se ha llegado a olvidar por completo de la madre. Después se va muy contenta a casa, contando lo bien que lo ha pasado. Los padres, cansados de la situación, han dejado de ir al parque porque piensan que es una pérdida de tiempo y energía.

¿CÓMO PUEDO AYUDAR A MI HIJO?

Hasta los tres años

En esta etapa, los niños aún están aprendiendo a relacionarse y a reconocer emociones en los demás. Es importante ser su ejemplo: saluda más a menudo a vecinos, amigos o en el supermercado, permitiendo que tu hijo te observe. Aunque sea pequeño, está asimilando modelos de conducta social. También es fundamental favorecer situaciones sociales de manera natural, como **llevarlo a un parque cercano donde pueda encontrarse con otros niños y aprenda a interactuar**. Además, es clave ponerse en su lugar, empatizar con sus sentimientos en situaciones sociales y hacerle saber que lo entiendes y que estás ahí para apoyarlo.

De tres a cinco años

A estas edades, el niño amplía sus relaciones y comienza a experimentar situaciones sociales más complejas. Puedes llevarlo a actividades extraescolares o grupos donde pueda interactuar con otros niños, ya que los juegos compartidos son clave para ganar confianza. Prepararlo con calma es fundamental: explícale cómo puede actuar en distintas situaciones sociales y haz pequeños juegos de roles donde tú interpretes a alguien que se acerca a hablar con él. Esta práctica le ayudará a interiorizar respuestas y a sentirse más seguro. También es muy importante reforzar sus logros. Cuando se atreva a saludar, responder o no escapar de una situación que antes evitaba, reconócelo con frases como esta: «Sé que no te resulta fácil y lo has hecho fenomenal». Este tipo de muestras fortalecen su seguridad sin presionarlo.

De seis a ocho años

A medida que los niños entran en Primaria, las situaciones sociales se vuelven más diversas y pueden generar más ansiedad en los más tímidos. Es fundamental seguir siendo un buen ejemplo: los niños observan cómo interactúas con los demás y aprenden de tu actitud. Favorecer situaciones sociales estructuradas o informales, como las propias de los clubes, grupos de deportes o encuentros con compañeros, les permite practicar y ganar seguridad. **A veces a las madres y padres**

nos puede costar porque tenemos mucho que hacer, pero es la mejor terapia. Prepararlos mediante conversaciones y juegos de roles elaborados les ayuda a sentirse capaces de enfrentar diferentes interacciones. Y, como en otros muchos momentos de su desarrollo, reconocer y celebrar incluso los pequeños avances refuerza su confianza y les enseña que avanzar en su timidez es posible poco a poco.

ERRORES COMUNES

- **Obligarlo a saludar.** Es habitual encontrarse con alguien y querer que tu hijo salude, pero obligarlo, especialmente delante de la otra persona, solo hará que aumente su sensación de incomodidad. Se sentirá más observado y eso puede intensificar su malestar.
- **Ponerle la etiqueta de vergonzoso.** Decir delante de otros que «es muy tímido» o que «le da vergüenza» puede parecer inofensivo, pero en realidad puede hacer que se sienta señalado o juzgado. Esa etiqueta puede reforzar su inseguridad y dificultar los avances.
- **Hablar por él.** Cuando alguien le dirige la palabra, evita adelantarte o contestar por él. Aunque tarde un poco más o hable en voz baja, es mejor permitirle expresarse a su ritmo. Eso fortalece su confianza.
- **Exponerlo a situaciones sociales demasiado intensas sin preparación.** Llevarlo de forma repentina a fiestas grandes, grupos numerosos o actividades nuevas sin anticiparle lo que ocurrirá puede generarle ansiedad. Es preferible explicarle el contexto con antelación y acompañarlo en el proceso, permitiéndole avanzar a su ritmo.
- **Presionarlo para «ser como los demás».** Comentarios como «Mira qué bien lo hace tu primo» o «Ya eres mayor para tener tanta vergüenza» no ayudan. Compararlo con otros solo alimenta su inseguridad. Cada niño necesita su propio tiempo, apoyo y comprensión para desarrollar confianza.

SOLUCIONAR CONFLICTOS CON COMPAÑEROS Y AMIGOS

Saber resolver conflictos es una habilidad que se aprende. No se nace con ella. Los niños la van desarrollando a medida que se enfrentan a distintas situaciones en su vida diaria. Es cierto que a algunos les cuesta más, ya sea por su temperamento o por las circunstancias del entorno en el que crecen.

También es importante prestar atención a cómo gestionamos nosotros, como adultos, los conflictos. Tal vez sea un buen momento para trabajar esa habilidad en casa, empezando por nosotros. No debemos culparnos ni pensar que, si nuestro hijo no sabe resolver sus problemas, es solo responsabilidad nuestra. Debemos tomar conciencia, hacer lo que esté en nuestras manos y acompañarlo en este proceso. Ser padres nos invita constantemente a crecer. Y, aunque a veces sea difícil, cuando mejoramos nuestras propias respuestas, todos salimos ganando.

¿Qué problemas o conflictos puede tener un niño? Pues muchos. Desde bien pequeños aparecen los primeros, por lo que a continuación describo los más habituales entre los dos y los doce años.

CONFLICTOS MÁS HABITUALES ENTRE NIÑOS

- **Peleas por turnos o juegos.** Discutir por quién empieza, a quién le toca o quién gana es uno de los conflictos más frecuentes, sobre todo en edades tempranas.
- **Compartir con los demás.** Es muy habitual y propio del niño que no quiera compartir sus cosas o que se encuentre con que otro no quiera prestarle algún juguete.
- **Sentirse excluido de un grupo.** Puede que no lo inviten a jugar, que se rían de él o que cambien de grupo de amigos y lo dejen fuera, lo que genera mucha frustración y tristeza.
- **Enfrentamientos por malentendidos.** Comentarios que se interpretan mal, tonos de voz que se perciben como bruscos o situaciones en las que uno se siente atacado sin que fuera la intención del otro niño.

- **Celos o rivalidades entre amigos.** A veces, cuando un amigo juega con otros, puede surgir el sentimiento de estar siendo reemplazado o de no ser tan importante como antes.
- **Problemas para gestionar la frustración.** No saber perder en un juego o enfadarse cuando algo no sale como se esperaba puede acabar en discusiones.
- **Bromas pesadas o lenguaje hiriente.** Algunos niños aún no diferencian bien entre una broma inofensiva y otra que hace daño, por lo que pueden herirse sin querer.
- **Competencia por destacar.** Querer ser el líder del grupo, tener la última palabra o llevar siempre la iniciativa puede generar choques entre niños con una personalidad más fuerte.

Si se da alguno de estos casos, debemos intentar que sean los propios niños los que resuelvan el conflicto. Esto hará que aprendan a desarrollar habilidades de comunicación y empatía, así como a resolver problemas mayores en un futuro e incluso a mejorar su toma de decisiones.

Caso de Mariana

Mariana tiene cinco años. En el recreo del colegio siempre quiere jugar al escondite. Intenta convencer a varias amigas, que muchas veces ceden, aunque no les apetezca mucho, pero a menudo las niñas no quieren jugar a eso y Mariana se enfada.

Cuando llega a casa, les dice a los padres: «Hoy nadie ha querido jugar conmigo» o «Mis amigas no me hacen caso». Esto hace que los padres de Mariana se preocupen y decidan ir a hablar con el profesor. Este les dice que Mariana no tiene problema con las otras niñas de la clase, que lo único que ha visto en el recreo es que su hija muchas veces quiere decidir el juego y a las otras niñas no les apetece jugar a eso. Ellos se quedan más tranquilos y deciden hablar con Mariana sobre qué puede hacer cuando se le presente ese tipo de situaciones completamente normales.

¿CÓMO PUEDO AYUDAR A MI HIJO?

Hasta los tres años

En esta primera etapa, los conflictos más frecuentes suelen surgir cuando se enfadan porque no les prestan un juguete o porque otro niño les muerde o molesta. Aún les queda mucho camino por recorrer para aprender lo que es la empatía y cómo controlar sus conductas. Durante esta etapa, todavía están aprendiendo a comprender sus propias emociones y las de los demás. Es importante enseñarles a identificar lo que sienten y poner en palabras simples sus emociones. Podemos mostrarles ejemplos de cómo expresar lo que les molesta sin lastimar a otros, utilizando frases cortas y claras. También es fundamental intervenir cuando surgen conflictos, **acompañando y alentando conductas sociales positivas**, de manera que empiecen a comprender qué significa compartir, turnarse y esperar.

De tres a cinco años

A esta edad los conflictos se vuelven más frecuentes y los niños empiezan a querer resolverlos por sí mismos. Podemos enseñarles a hablar de forma asertiva, explicándoles que es importante expresar su opinión, sus deseos o necesidades, siempre con respeto hacia los demás, con empatía y amabilidad. Al mismo tiempo, deben aprender a escuchar a los demás, ya que este es el germen de la empatía. Es útil simular con ellos pequeñas situaciones para practicar cómo actuar ante un conflicto; hay que reforzarles su autoestima reconociendo sus esfuerzos, aunque no logren resolver todo a la primera. El acompañamiento es fundamental, ya que les da seguridad para probar estrategias por sí mismos.

De seis a ocho años

A medida que crecen, sus conflictos se vuelven más complejos y requieren habilidades más elaboradas de comunicación y negociación. Es importante animarlos a enfrentarse a las situaciones para que intenten resolver los problemas por sí solos. No siempre habrá alguien que lo haga por ellos, lo que tampoco significa que estén a la deriva, sino que están desarrollando una habilidad clave. Deben saber que pedir ayuda está bien y que pueden acudir a un adulto de confianza, como su profesora, su padre o su madre, si lo necesitan. Podemos practicar mediante juegos de roles situaciones similares a las que hayan vivido, pensando juntos cómo podrían reaccionar. Además, es esencial reforzar su autoestima en este proceso: reconocer sus logros, permitirles intentarlo antes de intervenir nosotros y darles confianza paso a paso les enseña a manejar la resolución de conflictos de manera consciente y segura.

Pasos ante conflictos entre niños

1. Identificar el problema o conflicto.	«Mi amigo no me ha dejado hoy jugar al fútbol con su equipo».
2. Expresar cómo se siente.	«Me he sentido triste y un poco enfadado porque me hubiera gustado jugar con ellos».
3. Escuchar a las otras personas sin interrumpir.	El amigo dice: «Pensé que no querías jugar porque antes estabas con otro grupo».
4. Pensar en varias soluciones.	«Voy a pensar en qué puedo decirle...».
5. Elegir la mejor opción.	«Voy a decirle que me gustaría jugar con ellos mañana, así sabrá que sí quiero formar parte del equipo».
6. Poner en práctica la solución elegida.	«Mañana en el recreo voy a acercarme y decirles que sí quiero jugar».

ERRORES COMUNES

- **Resolverle nosotros el conflicto.** Es probable que tu primer instinto sea intervenir para solucionar el problema por él, pensando que así evitarás que sufra. Pero, si siempre lo hacemos nosotros, no le estamos dando la oportunidad de aprender a enfrentarse a los conflictos por sí mismo, algo que necesita para su desarrollo emocional y social.
- **Incitar a la violencia.** Frases como «Si te pegan, pega tú también» o «Si quieres que te respeten, tienes que demostrar tu fuerza» (entendida como fuerza física) no ayudan. Si quere-

mos enseñarle que la violencia no es una vía válida y que puede hacer daño a otros y a sí mismo, no debemos promoverla bajo ninguna circunstancia.

- **Restarle importancia al problema.** Frases como «No es para tanto» o «Ya se te pasará» pueden hacer que tu hijo sienta que lo que le pasa no le importa a nadie. Aunque a ti el conflicto te parezca una tontería, para él puede ser un mundo. Necesita sentirse escuchado y validado.
- **Tomar partido sin escuchar toda la historia.** A veces, por proteger a nuestro hijo, tendemos a asumir que siempre tiene razón. Pero es importante enseñarle a ser justo y a ponerse también en el lugar del otro, aunque él no tenga toda la culpa ni toda la razón.

PREVENCIÓN DEL *BULLYING*

Hablar de *bullying* pone los pelos de punta a cualquiera, ya sea por pensar que nuestros hijos lo pueden sufrir o que sean ellos quienes lo ejerzan. Se escuchan muchas noticias con consecuencias terribles relacionadas con el *bullying* y es por eso que es imprescindible conocer más sobre el tema y abordarlo desde las dos perspectivas: por un lado, cómo podemos proteger a nuestros hijos frente a una situación de acoso; y, por otro —algo que quizás nos cuesta más imaginar—, cómo actuar si nuestro hijo es quien acosa.

Para hablar con propiedad de este tema tan serio, necesitamos conocer los términos correctos, ya que no cualquier conflicto entre niños es un caso de *bullying*. El *bullying*, también llamado «acoso escolar», se define como una conducta agresiva, intencional y repetitiva, caracterizada por un desequilibrio de poder entre los participantes, que afecta tanto física como emocionalmente a las víctimas (*Ciencia Latina*, 2024).

Es importante diferenciar el *bullying* de otras situaciones ocasionales de conflicto o desacuerdo. Mientras que los conflictos puntuales son una parte normal del desarrollo y de la socialización tanto de los niños como de los adultos, el *bullying* implica un daño sistemático que puede tener consecuencias graves para el bienestar psicológico o físico de quienes lo sufren.

La evidencia científica nos muestra que el *bullying* puede tener efectos a corto y largo plazo. Quienes lo sufren a menudo experimentan ansiedad, miedo, baja autoestima, dificultades académicas e incluso depresión y pensamientos suicidas. Aunque cada vez somos más conscientes de este problema, al menos en España, los datos siguen siendo alarmantes, pues el 9,4 % de los alumnos y alumnas son víctimas de acoso escolar o *ciberbullying*. El 6,5 % sufren solo acoso escolar presencial, el 1,1 %, *ciberbullying* y en el 1,8 % de los casos padecen simultáneamente ambos, según un estudio de la Fundación ANAR (2024).

Por otro lado, los niños que hacen *bullying* también se ven afectados. Estas conductas pueden ser un reflejo de problemas emocionales subyacentes, como dificultades para manejar la ira, carencias de empatía o incluso un intento de compensar inseguridades personales. Si no se interviene, estas conductas pueden perpetuarse en la adolescencia y la edad adulta y generar patrones de relaciones dañinas, como lo que ahora conocemos bajo el nombre de «relaciones tóxicas».

En calidad de padres o educadores, tenemos la misión de intentar prevenir este tipo de conductas, ayudando a los niños a entender la importancia de tratar bien a los demás, dándoles la oportunidad de desarrollar su empatía y enseñándoles a construir relaciones sanas. De esta manera, no solo protegemos a nuestros hijos, sino que también contribuimos a que sean personas respetuosas y responsables, que es sin duda lo que queremos que sean en el futuro, unas buenas personas.

CÓMO PROTEGER A TU HIJO FRENTE AL *BULLYING*

El primer paso para proteger a tu hijo es crear un espacio de confianza donde pueda expresar sus emociones y hablar abiertamente sobre lo que ocurre en su vida diaria. Los niños que se sienten escuchados y apoyados son más propensos a compartir sus preocupaciones. Aprende a medir tus reacciones cuando tu hijo te cuenta algo que le ha ocurrido en el cole; de ello va a depender que se siga abriendo contigo y te cuente, o no.

Nuestra actitud debe ser de apoyo absoluto, manteniendo en todo momento la calma (aunque por dentro estemos temblando), la atención y una actitud que nos lleve a buscar una solución. Esto último es importante porque, si ven una actitud victimista, no los estaremos ayudando. No hay una frase mágica que siempre se pueda usar ante este tipo de situaciones, pero las siguientes pueden dar algunas pistas: «¿Cómo te ha hecho sentir esta situación?», «Entiendo que te sientas así», «Vamos a ver qué podemos hacer para que esto no se vuelva a repetir», «No estás solo en esto, voy a hacer equipo junto con tus profesores y otros compañeros y lo solucionaremos».

SEÑALES DE QUE TU HIJO PUEDE ESTAR SUFRIENDO *BULLYING*

Como padres, es crucial también estar atentos a señales que puedan indicar que algo puede estar ocurriéndole a nuestro hijo:

- Parece inquieto o intranquilo.
- Le cuesta más conciliar el sueño o tiene algunos despertares nocturnos o pesadillas.
- Tiene dolores de estómago, de cabeza o mareos sin un origen físico específico.
- Le cuesta concentrarse más de lo habitual.
- No quiere ir al colegio.
- Muestra cambios repentinos en el estado de ánimo.
- Demuestra una pérdida de interés por actividades que antes disfrutaba.
- Tiene menos apetito.
- Presenta dificultades académicas.

PREVENIR QUE NUESTRO HIJO SEA QUIEN ACOSA

Si bien es difícil imaginar que nuestro hijo pueda ser un acosador, es una posibilidad que no debemos ignorar. Por lo tanto, es fundamental enseñarle desde pequeño valores como el respeto, la empatía y la importancia de tratar a los demás como le gustaría ser tratado.

Está de moda darles mensajes positivos a los niños, lo que está bien, pero hay algunos en concreto que quizás tengamos que cuestionar, como «Eres el mejor». No hay duda de que para los progenitores sus hijos son los mejores, pero ellos deben entender que no hay nadie mejor o peor que los demás, que sobre todas las cosas somos personas y cada uno tiene unas habilidades diferentes. Si quieres reforzar estas enseñanzas, insiste en aquellas conductas de esfuerzo y talento con el objetivo de que aprenda a valorar sus fortalezas sin menospreciar las de los demás. Por ejemplo, le puedes decir: «Se nota que estás practicando mucho el dibujo y cada vez te sale mejor; se te da fenomenal». Este mensaje tiene implicaciones muy diferentes a «Eres el que mejor pinta».

El modelado parental juega un papel crucial. Los niños aprenden más de lo que hacemos que de lo que les decimos. Por eso, cuidar la forma en que nos relacionamos con los demás, cómo resolvemos los conflictos y cómo tratamos a quienes nos rodean es clave para que interioricen estas conductas. Piensa en si tienes que revisar la manera en la que reaccionas a determinadas situaciones para tratar de rectificar o incluso mostrarle a tu hijo que no ha estado bien lo que has hecho. Recuerda que pedir perdón o señalar algo que hayamos hecho mal no es perder autoridad, sino dar un buen ejemplo.

Si alguna vez te das cuenta de que tu hijo está mostrando comportamientos de acoso, no lo ignores ni le restes importancia. Es una oportunidad para intervenir, comprender qué lleva a esa conducta y guiarlo hacia un cambio positivo. Esto puede requerir apoyo profesional, como el de un psicólogo especializado, para abordar las causas subyacentes y trabajar en el desarrollo de habilidades sociales y emocionales.

Caso de Lucía

Lucía, una niña de seis años, solía esperar con ilusión la hora de las actividades extraescolares. Sin embargo, últimamente ese momento se ha convertido en un suplicio. Mientras los monitores organizan los grupos, ella se queda sola en un rincón del patio.

Su grupo de compañeras se sentaba cerca, hablando y riendo, pero nunca permitían que ella se inmiscuyera. Cada vez que Lucía intentaba participar, las risas parecían hacerse más fuertes, como si fueran un muro invisible que la mantenía apartada. Algunas veces le decían: «¿Qué haces aquí? Estamos hablando de nuestras cosas y eres muy pequeña para entenderlo». O bien: «¿Por qué no vas con los niños de Infantil a jugar? Aquí no pintas nada». Lucía, incómoda, intenta recluirse en sí misma y desea desaparecer.

No se trata de una situación marcada por insultos graves ni empujones, pero el vacío que siente también tiene consecuencias. A las tres de la tarde, cuando terminan las actividades, todo parece volver a la normalidad, pero el daño ya está hecho. Lucía regresa a casa con una tristeza que no sabe cómo explicar.

¿CÓMO PUEDO AYUDAR A MI HIJO?

Hasta los tres años

En esta etapa los niños aún están desarrollando su comprensión de las emociones y de las interacciones sociales, por lo que el acompañamiento constante es fundamental. Puedes ayudar a tu hijo a identificar conductas que le resultan incómodas o inapropiadas con ejemplos muy simples y cotidianos, usando gestos y palabras claras. Los cuentos y juegos son herramientas muy útiles para que aprenda a diferenciar un trato respetuoso del que no lo es mientras desarrolla empatía y comienza a reconocer límites básicos en sus relaciones. También es importante que empiece a confiar en los adultos de su entorno, sabiendo que puede acudir a mamá, papá, su cuidador o cualquier otra figura de confianza cuando algo le haga sentir mal o inseguro.

De tres a cinco años

Durante el periodo preescolar, los niños amplían sus relaciones con otros y comienzan a experimentar conflictos y pequeños desacuerdos. En este momento, los cuentos y ejemplos prácticos siguen siendo herramientas muy eficaces para que comprendan cómo actuar ante situaciones injustas o molestas. Puedes reforzar su autoestima y confianza ofreciéndole oportunidades para resolver problemas simples por sí mismo, celebrando sus esfuerzos y logros. Asimismo, es fundamental que entienda que puede acudir a un adulto de confianza, como un profesor o monitor, si necesita ayuda y que después, en casa, puede contarte a ti lo que le ha ocurrido. Podemos ir enseñándole algunas estrategias muy básicas de resolución de conflictos, frases como «Para ya» o «Esto no me gusta», para que las vayan integrando en su repertorio. Además para ayudarle a reflexionar, pregúntale: «¿Cómo te has sentido con esto que ha hecho tu compañero?» o «¿Te gustaría que te trataran así a ti?».

De seis a ocho años

A partir de los seis años, sus relaciones sociales se vuelven más complejas y también aumenta la posibilidad de enfrentarse a situaciones de acoso o exclusión. En esta franja de edad, es clave reforzar su capacidad para identificar conductas inapropiadas y reconocer cuándo pedir ayuda. Puedes apoyarte en ejemplos concretos y en conversaciones que susciten reflexiones sobre situaciones reales para ayudarle a plantear cómo podría reaccionar de manera asertiva y segura. Mantener un equilibrio entre permitirle afrontar retos por sí mismo y ofrecer apoyo cuando lo necesite fortalece su autoestima y autonomía. También es un buen momento para enseñarle estrategias más elaboradas de resolución de conflictos, fomentando que tome decisiones conscientes sobre cómo actuar y cómo cuidar de sus relaciones. Y, por supuesto, podemos irle explicando que un amigo nunca lo va a tratar mal intencionadamente y que, si lo hace, no es un amigo de verdad.

ERRORES COMUNES

- **Restarle importancia con frases como** «No seas exagerado», «No es para tanto» o «Son cosas de niños».
- **Obligarlo a relacionarse con quien le hace sentir mal**, pensando que así aprenderá a resolverlo por sí solo.

- **Reaccionar con excesiva preocupación o angustia delante de él**, ya que eso puede hacer que evite contarte nuevas situaciones por miedo a preocuparte.
- **Decirle simplemente que lo ignore sin ofrecerle herramientas reales** para afrontar lo que está ocurriendo.

HABLAR DE SEXUALIDAD DESDE UNA EDAD TEMPRANA

¿Cuál es la mejor edad para hablar con mi hijo sobre sexualidad? Esta es una pregunta que me suelen hacer las madres y los padres a menudo y mi respuesta siempre es la misma: «Ahora es un buen momento, tenga la edad que tenga».

Puede que tu hijo de seis años te pregunte cómo nacen los bebés; también puede ser que con ocho años haya visto en la *tablet* de un amigo o primo alguna imagen pornográfica; o que tu hija de diez te pregunte, por ejemplo, por qué alguien habla de sexo en redes sociales. Debemos abordar todas estas situaciones y lo ideal es que seamos nosotros, los padres y madres, quienes les demos la información. La alternativa será que busquen respuestas en internet, en vídeos pornográficos o que crean cualquier cosa que les cuente un amigo del colegio.

La sexualidad es una parte vital del ser humano desde que nacemos. La curiosidad de los niños y niñas al respecto es algo totalmente natural y aparecerá tarde o temprano; en la actualidad está apareciendo antes de lo que se pueda imaginar. Por eso, darles la información adecuada va a ayudarles a tener una vida sexual sana en el futuro y prevenir situaciones peligrosas en el presente. Aunque nos parezca complicado, es nuestra responsabilidad educarlos en este ámbito también.

Tal vez tus padres no hablaron contigo sobre sexualidad con naturalidad y eso hace que te resulte difícil hablar de ello. Por eso te intentaré dar pautas precisas, para que sepas exactamente cómo hacerlo y acompañarte en esta labor. Cuando hablemos con nuestros hijos no solo debemos poner el foco en el mensaje, si no en cómo lo transmitimos. **Es importante escuchar de forma activa, atendiendo a lo que nos dice, mirándole a la cara y confirmando que cuando nos**

dice algo lo entendemos. Cada vez que transmita algo, puedes responderle con un pequeño resumen para demostrar que le has prestado atención y lo has entendido.

Y, si piensas que aún no es el momento porque no te ha hecho ninguna pregunta al respecto, es mejor no esperar más. Si tu hijo va a la playa, te gustaría que supiera nadar y estuviera preparado, ¿verdad? En cada momento va a necesitar saber cosas vitales para su desarrollo. Por eso te invito a que, cualquier tarde tranquila en casa, seas tú quien saque el tema. Sobre todo aprovecha momentos cotidianos para introducir el tema con naturalidad. Si además tienes a mano algún libro o cuento que vaya acorde con su edad, mucho mejor, ya que tendremos un buen apoyo y guía sobre la que ir construyendo la conversación. Por ejemplo, mientras se ducha puedes explicarle a tu hijo de cuatro años el nombre correcto de sus genitales y decirle que esa parte de su cuerpo es privada. Después podemos ayudarnos de un cuento adaptado a esa edad donde se muestren las diferentes partes del cuerpo. Me gusta en este punto recalcar la importancia de la naturalidad, ya que, si lo hacemos de esta manera, podremos ayudarle a que tenga una buena relación con su propio cuerpo y consigo mismo.

Si hablamos de educación sexual, es muy importante que también hablemos de prevención de abusos sexuales. **¿Sabías que en la mayoría de los casos de abusos a menores los perpetradores son personas muy cercanas a la familia o alguien de la propia familia?** Un informe de Educo y la Universidad Pontificia Comillas (2024) estima que el 17,29 % de los menores de edad en España sufrirán algún tipo de violencia sexual antes de los dieciocho años. Sé que es muy duro pensarlo, pero las cifras y la realidad están ahí, por lo que no debemos ignorarlas. Está en nuestras manos ayudar a prevenir este tipo de abusos, o al menos detectarlos lo más pronto posible.

CÓMO TRATAR DE PREVENIR ABUSOS SEXUALES EN LA INFANCIA

- Llamar a los genitales por su nombre real.
- Respetar su intimidad y su espacio personal.
- Dejarlo solo únicamente con personas de total confianza.

- No obligarlo a besar o abrazar si no quiere.
- Enseñarle que su cuerpo es suyo y que nadie puede tocarlo sin su permiso.
- Fomentar un clima de confianza para que te lo cuente todo.
- Enseñarle a reconocer situaciones incómodas y a decir no con seguridad.

COMPORTAMIENTOS QUE NOS PUEDEN HACER SOSPECHAR QUE HA SUFRIDO UN ABUSO SEXUAL

- Conocimientos sobre sexualidad no apropiados para su edad.
- No querer estar con un adulto en concreto.
- Lenguaje sexual propio de adultos.
- Más pesadillas.
- Menos apetito.
- Masturbación compulsiva.
- Conductas de seducción.
- Aumento de irritabilidad.
- Interés sexual por otros niños.
- Búsquedas de contenido sexual en internet antes de la adolescencia.

Caso de Eugenio

Un día, Eugenio, de ocho años, se quedó toda la tarde en casa de su primo Leo, de doce años. Como tenía ganas de jugar a la Nintendo, su primo Leo le prestó la *tablet*. Después de un rato, su tía pasó por la habitación para preguntarle si quería algo de merendar y lo encontró mirando una página de contenido pornográfico. Su tía, alarmada, llamó a los padres para contárselo.

Cuando los padres de Eugenio asimilan lo que está ocurriendo, piensan: «Pero si es un niño de ocho años, ¿debemos hablarle de sexualidad tan pronto? ¡Es demasiado pequeño! ¿Cómo enfocamos esto?».

¿CÓMO PUEDO AYUDAR A MI HIJO?

Hasta los tres años

En esta etapa, los niños exploran su cuerpo y comienzan a diferenciarse de los demás. Si nos hace preguntas sobre su cuerpo o el de otros, es importante responder con naturalidad y usando los nombres correctos. No hace falta dar explicaciones largas; pequeñas píldoras de información son suficientes. Por ejemplo, si se señala los genitales y pregunta «¿Qué es esto?», podemos responder simplemente: «Es tu pene/vulva y es parte de tu cuerpo». Mantener una actitud abierta les enseña que pueden acudir a nosotros si algo les confunde o les preocupa.

De tres a cinco años

Durante el periodo preescolar, los niños muestran más curiosidad sobre el cuerpo y las relaciones, y pueden hacer preguntas sobre lo que ven o escuchan. Siempre debemos contestar a sus preguntas. Si no sabemos algo, podemos decirle que necesitamos pensar o buscar la respuesta juntos, asegurando que el tema se acabará tratando. Podemos usar ejemplos cotidianos para explicar conceptos de respeto y límites. Por ejemplo: «Si alguien te toca y no te gusta, puedes decir "No me gusta" y alejarte». También podemos introducir ideas básicas de consentimiento, enseñando que su cuerpo les pertenece y que tienen derecho a decir que no. Reforzar estas ideas con juegos y pequeñas dramatizaciones ayuda a que interioricen los conceptos de forma natural.

De seis a ocho años

A medida que los niños crecen, su curiosidad sobre las relaciones y las emociones también lo hace y empiezan a comprender mejor las normas sociales. Podemos mantener conversaciones abiertas y comprobar que han entendido lo que les explicamos. Por ejemplo, si surge la pregunta sobre una escena que han visto en la televisión, podemos decirles: «Eso no es algo que los niños de tu edad deban ver. ¿Quieres que te explique por qué?». Es útil ir dando explicaciones más detalladas, adaptadas a su nivel de comprensión, siempre en pequeñas dosis. También podemos reforzar conceptos de respeto y consentimiento, explicando que deben respetar los límites de los demás y que su cuerpo es suyo. Situaciones cotidianas, como un juego compartido o un momento de juego con amigos, son oportunidades perfectas para recordar estas normas de forma natural.

ERRORES COMUNES

- **Reírse de sus preguntas.** Aunque alguna te parezca graciosa o inoportuna, es importante mostrar respeto por lo que pregunta. Si se siente ridiculizado, puede no volver a confiarte sus dudas.
- **Mostrar reacciones incómodas o negativas.** Controla tus gestos o tono de voz. Si nota que el tema te incomoda o te preocupa, puede interpretarlo como algo prohibido o malo y evitará hablarlo contigo en el futuro.
- **Castigar o reprender.** Si lo ves hablando del tema con otros niños o mirando contenido inapropiado, evita reaccionar con enfado o castigos. Es mucho más útil aprovechar ese momento para explicarle lo que ha visto o dicho, poner límites claros y educar sin dramas.
- **Dar demasiada información de golpe.** A veces, en nuestro afán por explicarlo todo bien, podemos dar explicaciones demasiado largas o complejas que no estén adaptadas a su edad. Eso puede confundirlos o hacer que pierdan interés. Es mejor dar información clara, sencilla y en pequeñas dosis, y dejar que vayan preguntando más si lo necesitan.
- **Usar eufemismos o expresiones confusas.** Nombrar las partes del cuerpo con diminutivos, apodos o eufemismos puede hacer que el niño entienda que hablar de su cuerpo o de sexualidad es algo vergonzoso. Usar el lenguaje correcto, desde el principio, le dará seguridad y aportará normalidad al tema.

RESUMEN

A lo largo de este capítulo hemos explorado diferentes situaciones sociales que forman parte del día a día de nuestros hijos: desde los conflictos con amigos, el *bullying* o el aislamiento social hasta cómo abordar con naturalidad temas como el de la sexualidad.

Entender que cada niño tiene su propio ritmo y estilo de relacionarse es clave. Algunos disfrutan con facilidad de los eventos sociales, otros necesitan más tiempo o apoyo. Lo importante es acompañarlos con empatía, respetar su forma de ser y ofrecerles herramientas para que mantengan relaciones sanas y seguras.

Tanto si tu hijo es tímido como si muestra señales de haber sufrido *bullying*, o si simplemente se enfrenta a los conflictos habituales entre compañeros, recuerda: **no buscamos que lo haga a la perfección, sino que se sienta seguro, querido y acompañado mientras aprende.**

CONSEJOS PARA MADRES Y PADRES

- **Escucha sin juzgar.** Si tu hijo te cuenta algo, dale espacio, no interrumpas ni menosprecies lo que siente.
- **Observa las señales sutiles.** Los cambios de humor, el aislamiento o determinados síntomas físicos pueden ser pistas de que algo no va bien.
- **Utiliza cuentos y juegos como recursos.** Son herramientas muy valiosas para hablar de temas complejos como la amistad, el respeto, el cuerpo o el acoso.
- **Educa con empatía y buscando siempre resolver los conflictos.** Enséñale a expresar lo que siente, a ponerse en el lugar del otro y a buscar soluciones pacíficas.
- **No lo fuerces a interactuar si no quiere.** La socialización se establece poco a poco. Lo importante es que se sienta acompañado y no presionado.
- **Evita frases como «No pasa nada» o «Ignóralos».** Ofrece herramientas reales, no evasivas.
- **Pon límites sin etiquetas.** Corregir no implica etiquetar. Frases como «Es que eres muy tímido» pueden limitar más que ayudar.
- **Refuerza sus logros sociales, por pequeños que sean.** Cada paso cuenta. Que sepa que lo has visto y valoras su esfuerzo.
- **Habla de sexualidad con naturalidad y desde una edad temprana.** Si no lo haces tú, lo hará internet, y sin filtro alguno; siempre es mejor que la información venga de ti.
- **Enséñale que su cuerpo es suyo y que puede decir no si algo le incomoda.** Esto no solo previene abusos, también fortalece su autoestima.

COMPRUEBA

Marca lo que has puesto en práctica esta semana:

☐ Lo he escuchado con atención y sin juzgar cuando me ha hablado de lo que le pasa con sus compañeros o amigos.

☐ He observado si ha tenido cambios de humor, aislamiento o molestias físicas que podrían indicar algún tipo de malestar social.

☐ No he ignorado lo que le ocurre ni le he dicho «No es para tanto» o «Eso son tonterías de niños».

☐ He fomentado su empatía: hemos hablado sobre cómo se sienten los demás y cómo afectan nuestras acciones a otros.

☐ Le he enseñado a resolver conflictos con calma y sin recurrir a la violencia.

☐ Si es tímido, lo he respetado y no lo he forzado a saludar o relacionarse, pero lo he acompañado para ganar seguridad.

☐ He estado atento a posibles señales de *bullying*, sin esperar a que hubiera una agresión evidente.

☐ He hablado con naturalidad sobre sexualidad y su cuerpo, usando un lenguaje adecuado a su edad.

☐ Le he alabado sus esfuerzos sociales, aunque hayan sido pequeños, como saludar o integrarse en un juego.

☐ Me he interesado por su mundo social: he preguntado con quién juega, cómo se ha sentido en el recreo, en clase o en las actividades.

CAPÍTULO 5

Conductas

E s importante saber por qué hacemos lo que hacemos. En el caso de nuestros hijos, hay que tener en cuenta que los niños tienen ciertas conductas y que algunas las mantienen en el tiempo. En ocasiones nos interesará saber cómo una conducta se puede fomentar y en otras ocasiones, cómo erradicarla. Por ejemplo, queremos que cada día después de comer los niños recojan sus platos y los lleven a la cocina. Tal vez lo hagan solo de vez en cuando, por lo que nos gustaría instaurar la rutina para siempre. Por otro lado, quizás queramos que nuestro hijo deje de interrumpirnos cada vez que hablamos por teléfono. Es posible hacer que estas conductas cambien, pero para ello tenemos que conocer qué lleva a que se sigan produciendo.

REFUERZO Y REFORZADORES: CÓMO FUNCIONA LA CONDUCTA INFANTIL

No pretendo dar en estas páginas una clase magistral de psicología, pero sí me gustaría explicarte brevemente algunos conceptos clave que son muy importantes para entender por qué los niños hacen lo que hacen... y por qué lo siguen haciendo. Hablamos de refuerzos y reforzadores.

En pocas palabras, un refuerzo es cualquier consecuencia que hace que una conducta se repita. Por su parte, un reforzador es aquello que usamos (consciente o inconscientemente) para reforzar la conducta. Lo interesante, y a veces lo complicado, es que **no siempre**

somos conscientes de estar reforzando algo y a menudo lo hacemos en situaciones que no deseamos reforzar.

Los niños aprenden por ensayo y error. Prueban algo, ven qué pasa y, si el resultado les resulta agradable, interesante o efectivo para conseguir lo que querían, lo repiten. Así de simple. Y así de eficaz.

Por ejemplo, si un niño llora y sus padres le dan lo que quería de forma inmediata, es muy probable que repita la conducta; no porque el niño manipule, como a veces se dice, sino porque es inteligente y ha aprendido que le funciona. En cambio, si al recoger la mesa le felicitan, le sonríen o le dan un pequeño privilegio (como elegir el postre), también entenderá que eso tiene un efecto positivo, por lo que querrá repetirlo.

Tipos de refuerzo
- **Refuerzo positivo:** ofrecemos algo agradable después de una conducta (elogios, premios, atención, un privilegio).
- **Refuerzo negativo:** evitamos algo desagradable como recompensa (por ejemplo, si hace los deberes a su debido tiempo, no tiene que ayudar en casa ese día).

Téngase muy en cuenta que esto no tiene nada que ver con castigar o premiar en el sentido tradicional. A veces el **mayor refuerzo es nuestra atención**. Un niño que grita y consigue que todos lo miren, aunque sea para regañarlo, puede sentir que tiene poder a través de esa conducta, por lo que podría repetirla. Para que se entienda mejor, quiero compartir dos ejemplos diferentes.

1. Instaurar una conducta
Queremos que después de comer nuestro hijo lleve su plato a la cocina. El primer día lo hace y le decimos: «¡Gracias! Qué mayor eres ya ayudando así. Me encanta que lo hayas hecho tú solo». Además del comentario, le damos un pequeño privilegio, como elegir qué cuento leer por la noche.Ese gesto de aprobación y recompensa suave **refuerza la conducta**. Es más probable que la repita.

2. Eliminar una conducta
Nuestro hijo nos interrumpe constantemente cuando hablamos por teléfono. Cada vez que lo hace, paramos la conversación, le decimos que

no interrumpa y lo miramos con gesto serio. En su mundo, eso puede funcionar como **refuerzo**: cada vez que interrumpe, consigue nuestra atención. ¿Qué podemos hacer? Hacerle un gesto breve y suave de espera con la mano y seguir hablando, mantener la calma y luego reforzar positivamente cuando espera su turno para intervenir: «Gracias por esperar mientras hablaba. Ahora sí, cuéntame qué querías». Ese cambio enseña que **esperar tiene más efecto que interrumpir**.

Como ves, entender cómo funciona el refuerzo nos da una herramienta muy poderosa para modelar conductas. No se trata de controlar o manipular, sino de **acompañar con conciencia**: saber qué mensajes mandamos con nuestras reacciones y cómo eso puede favorecer o dificultar el aprendizaje emocional y conductual de nuestros hijos.

NIÑOS SELECTIVOS CON LA COMIDA

Sé que es desesperante. Estás sentado a la mesa con tu hijo o hija, le has preparado algo con esmero, quizás incluso algo que te había pedido el día anterior y, sin apenas mirarlo, te dice: «¡No me gusta!». Empiezas a insistir, a negociar, a enfadarte... y al final la comida termina fría, tú de mal humor y él o ella sin haber probado bocado. ¿Te suena? A mi madre le suena, y mucho. Siempre me ha dicho que este fue uno de los aspectos más agotadores de mi crianza: yo era muy mal comedora. Y, aunque con los años he mejorado bastante, reconozco que aún me cuesta un poco. Lo cierto es que en aquella época mi madre no tenía las herramientas adecuadas. Seguía los consejos que le daban entonces los pediatras: «Si no se lo come, se lo vuelves a poner en la merienda, en la cena, y así hasta que se lo coma». Y no me permitía que probara nada más. Nunca funcionó. Prefería quedarme sin comer antes que comerme eso. Al final, mis padres acababan dándome cualquier otra cosa para asegurar que, al menos, comiera algo. No siguieron esta técnica más de dos veces porque vieron que no daba ningún resultado (y sí un gran sufrimiento para todos).

Muchos padres vienen a mi consulta con esta preocupación: «Mi hijo come fatal», «Solo quiere lo mismo de siempre», «No prueba nada nuevo». Se trata de un tema que puede generar mucha tensión familiar. Pero, antes de pensar que algo está fallando en ti como madre o padre, quiero que sepas que el rechazo a ciertos alimentos es muy común en la infancia. Incluso tiene nombre, neofobia alimentaria, y forma parte del desarrollo evolutivo, especialmente entre los dos y los seis años. Es una etapa en la que los niños pueden mostrarse muy selectivos, repetir los mismos alimentos día tras día y rechazar nuevas texturas, colores u olores.

Ahora bien, que sea común no significa que no debamos prestarle atención. Lo importante no es tanto la cantidad que comen (los niños, al contrario de lo que muchos creen, no necesitan grandes cantidades de comida), sino la variedad y calidad nutricional de lo que ingieren. De hecho, uno de los errores más frecuentes es medir el éxito de la comida por lo vacío que queda el plato, en lugar de por la diversidad de nutrientes que toma.

En su libro *Child of Mine: Feeding with Love and Good Sense*, Ellyn Satter, una reconocida experta en alimentación infantil, nos recuerda que la función del adulto no es obligar al niño a comer, sino crear un entorno donde la comida sea accesible, saludable y no esté cargada de tensión emocional. Según sus investigaciones y el modelo que propone, los padres deciden qué, cuándo y dónde se come; y los niños deciden si comen y cuánto. Esta división de responsabilidades es clave para establecer una relación sana con la comida desde pequeños.

Una alimentación variada no solo es fundamental para el crecimiento físico y el desarrollo del sistema inmunológico, sino también para la salud mental y emocional de los niños. Numerosos estudios recientes han encontrado vínculos entre una dieta pobre en nutrientes y el aumento de problemas como la ansiedad, la irritabilidad o la falta de concentración. Además, si no intervenimos a tiempo, los patrones restrictivos en la infancia pueden convertirse en una mala relación con la comida en la adolescencia y la edad adulta, lo que aumenta el riesgo de desarrollar trastornos de la conducta alimentaria, ya sea anorexia, bulimia o trastorno por atracón.

Cuando forzamos, regañamos o hacemos de cada comida una batalla, es fácil que el niño empiece a asociar la ingesta con el conflicto. Con el tiempo, esto puede derivar en aversiones más fuertes e incluso en ansiedad anticipatoria a la hora de comer. Por eso, necesitamos cambiar la forma en la que nos relacionamos con este momento tan importante del día.

La comida no debería ser una batalla, sino producirse en un espacio de conexión, de disfrute, de aprendizaje. No es solo cuestión de nutrición, sino de vínculo, de relación con el propio cuerpo, de confianza. Si logramos enfocar los hábitos alimentarios desde esta perspectiva, nuestros hijos estarán mucho mejor preparados para cuidar de sí mismos ahora y en el futuro.

Caso de Alicia

Alicia tiene cinco años y, desde que empezó con la alimentación complementaria, sus padres ven que «come mal». No le gustan la mayoría de los alimentos y, si fuera por ella, su dieta diaria se limitaría a *nuggets*, tortilla francesa, pasta con salsa de tomate y sopa de pollo. Esos son sus básicos y, fuera de ahí, todo implica una batalla campal.

Cada vez que sus padres intentan ofrecerle algo nuevo o diferente, la escena se repite: Alicia llora, protesta, simula arcadas, como si fuera a vomitar, se niega en rotundo o directamente sale corriendo de la cocina. Los padres, agotados, suelen acabar cediendo para que al menos coma algo y vuelven a servirle alguno de los platos que saben que acepta.

Lo curioso, y también frustrante para sus padres, es que en el comedor del colegio la situación no parece tan complicada. Las monitoras comentan que, si bien no es la niña que más come, Alicia prueba lo que hay, come una cantidad razonable y no genera conflictos de relevancia. Esto les hace preguntarse por qué en casa es tan difícil.

¿CÓMO PUEDO AYUDAR A MI HIJO?

Hasta los tres años

En estos primeros años, es muy necesario establecer horarios fijos para las comidas. La regularidad ayuda al cuerpo del niño a anticipar cuándo va a comer, evita que pique entre horas y crea un ambiente predecible y seguro. Comer juntos siempre que sea posible también aporta beneficios: transmite tranquilidad, permite que el niño observe cómo comen los demás y convierte la comida en una experiencia compartida. Además, en esta etapa es fundamental que seamos un ejemplo: los niños aprenden más por lo que ven que por lo que les decimos, así que disfrutar de la comida y probar alimentos variados en una atmósfera sosegada es la mejor manera de motivarlos. Si la selectividad alimentaria es muy marcada o se acompaña de síntomas físicos —como vómitos, dolor abdominal o cansancio—, conviene consultar al pediatra para descartar intolerancias, alergias o problemas digestivos.

De tres a cinco años

Durante el periodo preescolar, podemos empezar a hablar sobre hábitos saludables: explicarles, de manera cercana y apacible, por qué necesitamos alimentos variados para crecer fuertes y tener energía les ayuda a comprender la importancia de la comida. Es recomendable rebajar las expectativas que podamos tener: si le cuesta probar algo nuevo, no debemos esperar que se lo coma entero y de inmediato. Podemos empezar por pequeños pasos, como que lo tenga en el plato, lo huela, lo toque o le dé un bocado, aunque no lo trague. Además, involucrarlos en la cocina, permitiéndoles elegir recetas, ayudarnos a preparar los alimentos o ir juntos a la compra, despierta curiosidad y convierte la comida en algo cercano y familiar. Es clave mantener un ambiente relajado a la hora de comer: si estamos tensos o impacientes, el niño lo percibe y puede generar rechazo.

De seis a ocho años

Cuando los niños van creciendo, es importante seguir insistiendo en los horarios y las rutinas acerca de la comida. Comer juntos siempre que se pueda sigue siendo básico para transmitir tranquilidad y fortalecer la convivencia familiar. Debemos seguir siendo un ejemplo, disfrutar de alimentos variados y probar nuevas recetas sin presión. Evitar distracciones durante las comidas, como pantallas o juguetes, ayuda a que el niño se concentre en comer y desarrolle una relación saludable con los alimentos. En esta etapa, podemos sacar más a colación conversaciones sobre hábitos saludables, explicando por qué ciertos alimentos nos aportan energía, nos ayudan a crecer y a sentirnos bien; incluso podemos investigar juntos sobre el tema con vídeos o lecturas. Mantener un ambiente relajado, sin olvidar establecer límites claros sobre la duración de la comida, es muy importante. Tu hijo debe saber cuál es el tiempo estipulado para comer y qué normas hay cuando se sienta a la mesa.

ERRORES COMUNES

- **Ver la televisión o usar pantallas mientras comen.** Aunque pueda parecer que de esta manera comen más o más rápido, en realidad ingieren sin ser conscientes. No aprenden a identificar cuándo tienen hambre o están saciados, ni desarrollan una relación sana con la comida. Además, se puede convertir en un hábito difícil de erradicar más adelante.
- **Usar la comida como premio o castigo.** Frases como «Si te lo comes todo, te doy helado» o «Si no comes, no hay dibujos» vinculan la comida con la obediencia, la culpa o el control, lo que genera malas asociaciones. El niño no debe ver los alimentos como castigo ni como premio, sino como algo natural que su cuerpo necesita.
- **Tener muchos alimentos no saludables en casa.** No se trata de prohibirlo todo, pero sí de establecer un equilibrio. Si la despensa está llena de bollería, zumos azucarados o *snacks* ultraprocesados, será muy difícil que el niño entienda que son para momentos puntuales. La disponibilidad de estos productos influye directamente en su consumo.
- **Dejar de ofrecer un alimento porque nuestra hija o hijo dijo una vez que no le gustaba.** Los niños necesitan una exposición repetida a un alimento antes de aceptarlo. Si dejamos de ofrecérselo a la primera negativa, nunca tendrá la oportunidad de familiarizarse con él. A veces basta con que lo vea en el plato, sin presión por comerlo. Poco a poco, irá formando parte de su repertorio.
- **Forzar a comer más de lo que necesita.** Obligar a «comerse todo lo del plato» puede interferir en su capacidad de autorre-

gularse. Debemos confiar en su sensación de hambre y saciedad. Es mejor servir porciones pequeñas y que repita si tiene más hambre.

- **Compararlo con otros niños.** Decir cosas como «Tu hermano come de todo» o «Mira a tu primo, qué bien come» solo genera más rechazo y sensación de inferioridad. Cada niño tiene su propio ritmo de desarrollo y su propio proceso con la comida.

CUANDO HACER LA TAREA Y ESTUDIAR SE CONVIERTE EN UNA LUCHA

Es natural que te preocupes cuando tu hijo se niega a estudiar; sobre todo, si cada tarde acaba siendo una batalla campal para que haga los deberes. Muchas veces, lo primero que pensamos es que está desmotivado, que no le interesa lo suficiente, que es perezoso o que no valora el esfuerzo. Muchos padres y madres me dicen: «Es que mi hija es una vaga» o «Parece no importarle nada». Pero quiero que sepas algo importante: el rechazo a estudiar no siempre tiene que ver con una falta de interés o de capacidad. De hecho, en la mayoría de los casos no es así.

A menudo, este rechazo esconde otras dificultades que no siempre se perciben a simple vista. Puede tratarse de una baja tolerancia a la frustración, lo que hace que al menor atisbo de dificultad tu hijo quiera abandonar. Puede ser que necesite una mayor autonomía al sentirse constantemente invadido o controlado, incluso si nuestra intención es ayudar. O puede que tan solo esté emocionalmente sobrecargado: con muchas actividades, exigencias, cambios recientes o tensiones familiares que no ha sabido expresar y que se manifiestan a través de esa resistencia.

Cuando cada tarde se convierte en una lucha —tú tratando de que se siente a estudiar y tu hija o hijo resistiéndose—, se establece una dinámica de control y oposición que desgasta profundamente el vínculo. **No solo se resiente la relación entre padres e hijos, sino que también se apaga poco a poco la motivación interna del**

niño. Porque lo que podría ser un espacio de aprendizaje y superación personal se convierte en una obligación impuesta y emocionalmente tensa.

Sé que lo haces por amor, para que le vaya bien y no se quede atrás. Pero a veces, sin darnos cuenta, pecamos de exceso de control. Y es que, cuanto más insistimos o supervisamos, más difícil es que nuestro hijo se sienta responsable de su propio proceso. El riesgo es que entremos en un ciclo de dependencia donde el niño espera a que se le diga todo, a que se le recuerde cada paso, a que alguien lo motive y donde, al mismo tiempo, tú acabes agotado y frustrado, sintiendo que sin ti nada avanza.

«Entonces ¿qué hago, tiro la toalla?», me preguntan muchos padres y madres frustrados después de haber peleado tardes enteras para conseguir que su hijo estudie, a veces sin éxito. Mi respuesta siempre es la misma: «No». Tirar la toalla nunca es una opción. Lo que debemos hacer es algo mucho más poderoso: cambiar de estrategia.

Porque, si lo que hemos estado haciendo hasta ahora no funciona, seguir insistiendo solo aumentará el desgaste y la tensión familiar. El objetivo no es que estudie por obligación ni que lo haga tan solo porque tú le insistes, sino ayudarle a encontrar su propia motivación y desarrollar herramientas para que se responsabilice poco a poco de su aprendizaje.

Cambiar de estrategia no significa dejar de implicarte, sino aprender a acompañar sin invadir, guiar sin controlar, confiar sin abandonar. Y esto no se consigue de un día para otro, sino que se construye paso a paso. A veces bastan pequeños ajustes en la rutina, otras veces es necesario revisar nuestras propias expectativas o el tipo de relación que hemos establecido con los deberes y los estudios.

Mi intención con este capítulo es que aprendas cómo detectar lo que realmente está ocurriendo cuando tu hijo se resiste a estudiar, cómo actuar en esos momentos sin perder los nervios y qué hábitos y dinámicas familiares pueden favorecer una actitud más positiva y autónoma frente al estudio. También hablaremos de errores comunes que, sin querer, solemos cometer, así como de herramientas prácticas para fomentar el hábito y la responsabilidad sin convertir cada tarde en un campo de batalla.

Ten muy presente que hay alternativas que no implican gritar ni suplicar ni rendirse. Y, aunque cueste verlo ahora, es posible construir una dinámica diferente en casa, donde el estudio deje de ser una fuente de conflicto constante.

A veces, detrás del «No quiero estudiar» o «No me da la gana hacer la tarea» se esconden razones que los adultos no vemos de primeras. Por eso, antes de enfadarnos o asumir que nuestro hijo simplemente es vago, conviene detenernos un momento y preguntarnos si puede estar ocurriendo algo de esto:

- **Tiene una baja tolerancia a la frustración:** se bloquea o se desespera cuando algo no le sale a la primera.
- **Siente que no tiene control sobre lo que hace:** no ha desarrollado autonomía suficiente, por lo que hacer las tareas le parece una obligación impuesta.
- **Tiene dificultades reales de aprendizaje:** quizás aún no se han detectado y eso le genera inseguridad o rechazo.
- **Está emocionalmente saturado,** por cambios en casa, exceso de actividades o preocupaciones internas que aún no sabe expresar.
- **No ha encontrado una motivación real:** estudiar no tiene un objetivo en su forma de ver el mundo, no le ve sentido y se aburre.
- **Busca llamar la atención o conectar contigo:** aunque sea a través del conflicto, a veces la pelea por los deberes es la única manera que ha encontrado de compartir tiempo contigo.
- **Tiene miedo al fracaso:** prefiere evitar la tarea antes que enfrentarse a la posibilidad de equivocarse o hacerlo mal.
- **Está agotado mental o físicamente:** después de la escuela, las extraescolares o una rutina exigente, simplemente no le queda energía.
- **No tiene un buen hábito de estudio:** cada día se convierte en una improvisación que desgasta a todos.
- **Está en una etapa en la que desafiar a los adultos forma parte de su proceso natural de desarrollo.**

Ahora que has leído estas posibles razones, te invito a detenerte un momento y preguntarte: ¿reconoces a tu hijo o hija en alguno de estos puntos? ¿Qué crees que está intentando decirte con su negativa a estudiar o hacer la tarea? ¿Tu hijo está realmente aprendiendo o solo está cumpliendo por obligación?

Tal vez necesitemos empezar a mirar con otros ojos lo que está pasando. A veces, cambiar de mirada es el primer paso para transformar la dinámica.

Caso de Vera

Vera tiene seis años y es una niña muy inteligente. Actualmente cursa primero de Primaria y, año tras año, se repite el mismo conflicto: Vera no quiere hacer la tarea ni estudiar. Para ella, es una pérdida de tiempo y suele justificarse diciendo que ya se lo sabe todo.

Su madre, muy implicada en el acompañamiento escolar, intenta ayudarla cada tarde. Se sienta con ella en su habitación e insiste con paciencia, al menos al principio. Sin embargo, la rutina suele transformarse rápidamente en una batalla: Vera protesta y llora, y su madre, agotada por la situación, termina levantando la voz. Al final, tras mucho desgaste emocional por ambas partes, Vera accede a estudiar y completar los deberes, aunque solo bajo la supervisión constante de su madre.

¿CÓMO PUEDO AYUDAR A MI HIJO?

Hasta los tres años

En esta etapa, más que tareas formales, los niños están empezando a desarrollar atención y concentración a través del juego y las actividades cotidianas. Podemos preparar un pequeño espacio tranquilo y ordenado para que explore, hojee cuentos o dibuje, sin distracciones. Crear rutinas diarias sencillas, como dedicar unos minutos a juegos de atención o a pequeñas actividades guiadas, ayuda a que vaya acostumbrándose a la idea de centrarse en algo. Darle ánimos mientras juega o practica algo nuevo, con frases como «¡Me encanta cómo lo estás intentando!» o «Qué concentrado estás hoy», refuerza su motivación y confianza. Recordemos que son muy pequeños: con un par de minutos tendremos suficiente.

De tres a cinco años

Durante el periodo preescolar, podemos empezar a introducir pequeñas responsabilidades y rutinas, como tareas sencillas de dibujo, lectura o conteo. Tener un lugar de trabajo tranquilo, bien iluminado y libre de distracciones, ayuda a que el niño asocie ese espacio con el hecho de concentrarse. Establecer una rutina algunos días en semana para hacer estas actividades permite que el niño sepa qué esperar y se vaya adaptando poco a poco. Es importante dar refuerzo positivo durante el proceso: reconocer su esfuerzo mientras trabaja, no solo al terminar. Decirle, por ejemplo, «¡Qué bien, cómo te esfuerzas!» o «Me gusta mucho cómo lo estás haciendo» aumenta la motivación y hace que el aprendizaje sea más agradable.

De seis a ocho años

A medida que los niños entran en la Primaria, los deberes y el estudio se vuelven más estructurados y demandan mayor atención. Podemos ayudarles asegurando un espacio adecuado para estudiar, creando una rutina y horario fijo para los deberes y estableciendo descansos programados, por ejemplo, ir alternando quince minutos de trabajo con otros cinco de pausa. También es fundamental dar cierta autonomía: permitir que decidan por dónde empezar o cómo organizarse les ayuda a desarrollar independencia. Celebrar pequeños logros, como el hecho de terminar una tarea sin enfados, organizarse solos o preguntar una duda, les refuerza la autoestima; no hace falta ofrecer recompensas materiales: basta con un abrazo o decirle «Me siento muy orgulloso de ti». Además, mantener una comunicación fluida con los profesores nos permite conocer si las dificultades se presentan solo en casa o también en clase, lo que nos da pistas para apoyarlo mejor. Por último, conocer una variedad de métodos de estudio, repasar en voz alta, hacer esquemas o usar el juego puede ayudar a que el aprendizaje sea más eficaz, ya que cada niño tiene preferencia por algún tipo de técnica. Tendrás que ayudarlo a explorar estas opciones, al menos hasta que las aprenda.

ERRORES COMUNES

- **Permitirle usar pantallas antes de estudiar.** Jugar a videojuegos o ver la *tablet* antes de hacer los deberes es un error habitual. Cuando el cerebro se activa con tareas muy estimulantes, luego tiene dificultades para pasar a tareas que requieren más concentración y son menos placenteras. Siempre es mejor dejar lo más divertido para después, como recompensa, no como calentamiento.
- **Castigar por no hacer la tarea.** Recuerda que la consecuencia natural de no hacer los deberes es que obtendrá una nota más baja o tendrá que enfrentarse a la incomodidad de decirle a su profesor que no los ha hecho. Añadir un castigo extra muchas veces no enseña, solo genera más resistencia.
- **Supervisar en exceso.** Está bien que supervises o le ayudes si tiene dudas, pero no deberías estar constantemente a su lado durante toda la tarea. Necesita aprender a asumir responsabilidades e ir ganando autonomía poco a poco.
- **Retirarte de golpe.** Si llevas tiempo acompañándolo mientras hace la tarea, no puedes desaparecer de un día para otro. Cambiar de estrategia debe ser algo gradual.
- **Saturar con actividades extraescolares.** A veces apuntamos a nuestros hijos a demasiadas actividades con la intención de que se desarrollen lo más posible. Pero esto puede agotarlos. Aunque digan que les gusta todo, no siempre saben dosificarse. Observa si tu hija o hijo tiene tiempo suficiente para descansar y jugar libremente, y ajusta en caso necesario.
- **No programar descansos.** Para que tu hijo rinda mejor, es necesario que haga pausas. Cuanto más pequeño es, más frecuentes deben ser. Por ejemplo, un niño de siete años puede concentrarse durante quince o veinte minutos antes de necesitar un pequeño descanso.
- **Esperar que estudie siempre con ganas.** Muchos padres creen que, si el niño no tiene ganas, es que algo va mal. Pero estudiar no siempre apetece, y eso también forma parte del aprendizaje. No todo será motivador de por sí, lo que es en sí mismo una lección necesaria: a veces hay que hacer cosas que no nos entusiasman, pero que son necesarias.

CÓMO HACER QUE LAS RUTINAS NO SEAN UNA BATALLA

Estuve dudando si incluir este punto o no, ya que a lo largo del libro hemos abordado varias rutinas importantes. Sin embargo, me di cuenta de que merece la pena detenernos un momento en este aspecto. La forma en la que establecemos las rutinas puede jugar a nuestro favor, o bien convertirse en una fuente constante de conflictos. Por eso creo necesario dedicarle un espacio propio, para subrayar la influencia que las rutinas tienen en la vida de los niños y en la dinámica familiar.

¿A qué me refiero exactamente con rutinas? Me refiero a todos aquellos actos que realizamos a diario y que, para favorecer el buen funcionamiento familiar, escolar o laboral, deberían seguir una estructura repetida y unos horarios estables. Con el tiempo, estas acciones se automatizan, lo que aporta previsibilidad y seguridad en la vida cotidiana, tanto para los niños como para los adultos.

Estoy segura de que alguna vez has tenido la típica mañana de caos: todo el mundo va con prisas, nadie sabe qué ropa ponerse, los desayunos se quedan a medio preparar y hay gritos por doquier para salir de casa a tiempo. Ahora piensa en esas mañanas en las que todo va más rodado: hay una rutina clara y cada uno sabe qué hacer, y la salida de casa, aunque no sea perfecta, es mucho más tranquila. Esa es la diferencia que puede marcar una rutina bien establecida.

Las rutinas no solo organizan el día a día. También proporcionan estabilidad emocional, reducen la incertidumbre y fomentan habilidades fundamentales como la autorregulación, la autonomía o la noción del tiempo. Además, una rutina bien consolidada actúa como una barrera de contención emocional: muchos comportamientos que interpretamos como malos o desafiantes en realidad son señales de que el niño se siente desregulado o está sobrepasado. En este contexto, una rutina estable le ayuda a prevenir esa desregulación.

Según un estudio de Spagnola y Fiese (2007), los niños que participan en rutinas familiares estructuradas muestran mejores habilidades sociales, mayor capacidad de autorregulación y menor prevalencia de problemas de conducta. Una estructura diaria coherente, con horarios regulares para la comida, el sueño, la higiene o el juego, ofrece al niño una sensación de control que disminuye su ansiedad y facilita una convivencia más armónica.

En definitiva, más allá de que cada familia tenga su estilo, incorporar rutinas claras permite que el niño se mueva con mayor confianza por su mundo, sabiendo qué se espera de él y qué puede esperar de los adultos que lo cuidan. No se trata de imponer un horario rígido, sino de generar una base predecible que favorezca el bienestar familiar.

Las rutinas más comunes en la infancia suelen girar en torno a actividades que estructuran el día a día: levantarse, asearse, desayunar, ir al colegio, comer, hacer la tarea, jugar, bañarse, cenar y dormir. **Aunque parezcan cosas sencillas, repetirlas en un orden similar cada día ayuda a que el niño aprenda a anticiparse, a cooperar con más facilidad y a desarrollar hábitos positivos.** A medida que crecen, esas rutinas pueden flexibilizarse, pero durante los primeros años de vida son una herramienta clave para su desarrollo emocional, físico y cognitivo.

Caso de Victoria

Victoria tiene dos años y, como dicen sus padres, acumula demasiada energía. Es una niña alegre, divertida y muy despierta, pero cada día en casa se desata una batalla. Los enfados y los gritos se repiten constantemente: a la hora de comer, a la hora del baño, cuando toca vestirse o irse a dormir... Parece que nunca quiere hacer lo que toca.

Sus padres lo han intentado todo: hablarle con cariño, negociar, ofrecer premios o incluir juegos. Pero sienten que nada les funciona con ella. Terminan agotados, frustrados y con la sensación de estar siempre en guerra con su hija. Aunque la quieren con locura, empiezan a temer esos momentos del día que deberían ser tranquilos y rutinarios porque saben que, tarde o temprano, se volverán a convertir en una batalla.

¿CÓMO PUEDO AYUDAR A MI HIJO?

Hasta los tres años

En los primeros años, establecer un horario para las rutinas más importantes del día ayuda a que los bebés y niños pequeños se sientan seguros y comprendan qué va a suceder a continuación y qué se espera de ellos en cada momento. Estos horarios pueden ser semiflexibles, con variaciones de entre veinte y treinta minutos, y permitir excepciones en días especiales, pero en el día a día conviene mantener la rutina. Es fundamental conocer a tu hijo y analizar sus necesidades reales: ¿duerme suficientes horas? ¿Tiene tiempo para jugar y descansar por las tardes? ¿Se muestra irritable a ciertas horas porque tiene hambre? Responder a estas preguntas nos da pistas claras sobre qué tipo de rutina necesita. Implementar los hábitos de forma progresiva requiere paciencia y constancia, y es normal que los resultados no sean inmediatos. Recuerda que cada niño es diferente y no todos se adaptan igual a las mismas rutinas u horarios.

De tres a cinco años

Durante el periodo preescolar, los niños pueden participar más activamente en las rutinas diarias. Funciona muy bien convertir los momentos difíciles en pequeños retos. Podemos proponer juegos diciendo: «¿A ver si eres capaz de vestirte antes de que suene el reloj?» o «¿Crees que podrás ducharte antes de que acabe esta canción?». También se pueden transformar tareas repetitivas en desafíos divertidos, como ver quién recoge más rápido los juguetes o quién coloca mejor la ropa doblada. Las rutinas son una oportunidad para fomentar responsabilidades y autonomía: llevar su plato a la cocina, estirar las sábanas de la cama o ayudar a doblar ropa les permite sentirse útiles y confiados, aunque al principio no lo hagan a la perfección. Involucrarlos en la creación de sus rutinas, aunque sea en pequeños detalles, les da sensación de control y disposición para colaborar; por ejemplo, haciendo juntos un cartel con dibujos o pictogramas que representen sus actividades diarias.

De seis a ocho años

A medida que los niños crecen y entran en la Primaria, es importante mantener la consistencia de las rutinas y reforzar su participación.

Establecer horarios claros para comidas, estudio, juegos y descanso ayuda a que el día sea predecible y comprensible. Una buena estrategia es que el niño tenga un horario en papel, colocado en un lugar visible, para poder mirarlo cada día y anticipar qué toca en cada momento. Los padres pueden reforzar la rutina revisando juntos el horario cada mañana y marcando con colores o *stickers* las actividades completadas, de manera que el niño visualice su progreso. Además, es útil aplicar refuerzo positivo específico: reconocer logros concretos («Hoy has recogido tus juguetes sin que te lo recordara» o «Has terminado tus deberes siguiendo el horario») ayuda a identificar claramente qué comportamiento se espera y motiva a la niña o al niño a seguir con la rutina.

ERRORES COMUNES

- **Pensar que ya es tarde.** Nunca es tarde para enseñar un nuevo hábito a nuestros hijos, ni siquiera para aprenderlo nosotros. Muchas veces escucho a padres decir «Ya no tiene remedio», «Hemos fallado desde el principio»..., pero lo cierto es que los niños están en constante desarrollo y siempre hay margen para introducir cambios positivos. Algunas rutinas pueden tardar más en consolidarse, pero con constancia, paciencia y coherencia es posible. No te desanimes si los primeros días no ves resultados.
- **Anticipar que nuestro hijo se comportará mal.** Si afrontamos ciertas rutinas, como la hora del baño, vestirse o irse a dormir, con pensamientos del tipo «Ya verás que hoy también va a protestar» o «Esto va a ser una pelea», transmitimos la tensión sin darnos cuenta. Tu hijo lo notará y tú no te mostrarás tan flexible ni paciente. Intenta abordar cada día sin tener en cuenta lo sucedido el día anterior. En vez de anticiparte con miedo, observa cómo van sucediendo las cosas y adáptate a lo que surja.
- **No adaptar las rutinas al momento evolutivo del niño.** A veces intentamos imponer horarios o tareas sin tener en cuenta la edad, madurez o nivel de autonomía de nuestra hija o hijo.

Por ejemplo, si le pedimos a una niña de tres años que haga su rutina de noche completamente sola, probablemente se frustre o se niegue. Ajustar nuestras expectativas a su capacidad real es clave para evitar conflictos innecesarios.

- **No respetar las rutinas los fines de semana.** Muchos padres se esfuerzan por establecer rutinas entre semana, pero el fin de semana se relajan tanto que todo se desestructura. No hace falta que el horario sea exactamente el mismo que entre semana, pero si cada sábado y domingo hay horarios desordenados, comidas a deshora y los miembros de la familia se acuestan mucho más tarde, volver a la rutina el lunes será una lucha. Mantener cierta regularidad, incluso en días de descanso, ayuda a que los hábitos se consoliden con más facilidad.
- **Obsesionarse con determinadas rutinas.** Cada niño es diferente y lo que funciona para uno puede no ser efectivo para otro. No se trata de seguir al pie de la letra consejos o rutinas que hemos visto en libros o que les funcionan a otros niños. Observa a tu hijo, sus necesidades, ritmos y preferencias, adapta las rutinas y prueba otras si estas no funcionan.

MI HIJO DICE MENTIRAS

Las mentiras son, en los niños, mucho más habituales de lo que pensamos. Y, aunque como padres o madres puede preocuparnos o incluso hacernos sentir decepcionados, lo cierto es que mentir forma parte del desarrollo normal. No debemos asustarnos si descubrimos que nuestro hijo ha dicho una mentira. No significa que vaya por el mal camino ni que se esté maleducando. De hecho, todos los seres humanos utilizamos alguna vez la mentira como mecanismo de defensa o escape. ¿O acaso tú no lo hiciste alguna vez cuando eras pequeño? ¿A día de hoy no dices alguna que otra?

El problema surge cuando, como adultos, interpretamos esas mentiras como una falta de respeto o una ofensa personal. En la mayoría de los casos, las niñas y niños no mienten con la intención de hacer daño o manipularnos. Lo hacen porque están aprendiendo a manejar situaciones que les incomodan, les abruman o no saben cómo resolver de otro modo.

Desde una edad temprana, muchos niños ya son capaces de mentir. Según un estudio de Talwar y Lee (2008), la capacidad de mentir de forma intencionada puede aparecer a partir de los tres o cuatro años, coincidiendo con el desarrollo según la teoría de la mente, es decir, cuando los niños empiezan a entender que los demás pueden tener pensamientos, emociones o conocimientos distintos a los suyos. Desde ese momento, descubren que pueden ocultar información o inventársela para influir en la reacción del otro.

También influye el estilo educativo con el que se crían. **No es casualidad que los niños y niñas que viven en entornos muy autoritarios o rígidos tiendan a mentir más.** Lo hacen por miedo a las represalias o al castigo, no porque sean más traviesos o rebeldes.

TIPOS DE MENTIRAS MÁS FRECUENTES EN LOS NIÑOS

Mentiras para adornar la realidad

A veces, los niños inventan historias o exageran acontecimientos para hacerlos más interesantes. Este tipo de mentiras suelen aparecer en niños con una autoestima más frágil o que sienten que necesitan llamar la atención para gustar o encajar. Fantasear y reescribir la realidad es, para ellos, una forma de sentirse más importantes ante los demás.

Mentiras para evitar responsabilidades

Esta es una de las formas más comunes. Ejemplos de ello son decir que ya hicieron la tarea cuando no es cierto, negar que rompieron algo o asegurar que no les mandaron deberes. En estos casos, el objetivo es claro: evitar aquello que no les gusta o les resulta difícil. Como los niños viven más en el presente que en el futuro (aunque sea un futuro inmediato), no suelen pensar en las consecuencias. Solo buscan librarse, aunque sea por un rato, de lo que les incomoda.

Mentiras para evitar consecuencias o castigos

Aparecen cuando el niño tiene miedo de que lo regañen o castiguen. Es su forma de protegerse. En lugar de asumir el error, intenta evitar enfrentarse a él. Si vive en un ambiente donde se castiga duramente el fallo, es muy probable que la mentira aparezca como una herramienta de defensa.

Caso de Emma

Emma tiene siete años y está en segundo de Primaria. Últimamente, en el colegio han empezado a mandarle más deberes, y a ella no le está gustando nada. Sus tardes están bastante ocupadas: tiene tres actividades extraescolares a la semana y, además, sus padres están separados, por lo que va alternando entre las dos viviendas. Con una agenda tan apretada, Emma apenas tiene tiempo para descansar o simplemente jugar a su aire.

En varias ocasiones, cuando su madre le ha preguntado si ya había hecho los deberes, Emma ha contestado que sí. Pero luego descubren que no era verdad. Lo mismo le ha pasado al padre: le ha dicho que no tenía tarea y, al día siguiente, resulta que sí había. Emma ha empezado a usar las mentiras como una forma de evitar las tareas escolares, buscando ganar tiempo para algo que necesita: descansar y jugar libremente.

¿CÓMO PUEDO AYUDAR A MI HIJO?

Hasta los tres años

En estos primeros años, los niños todavía están aprendiendo a distinguir la realidad de la fantasía y a comunicar lo que sienten. Es fundamental que sepan que los quieres tal y como son, sin condiciones, y que tu amor no depende de lo que hagan bien o mal. Crear un ambiente seguro y acogedor donde puedan expresarse les ayuda a desarrollar la confianza y a que, en el futuro, digan la verdad. También podemos ser un buen ejemplo de honestidad en nuestras acciones cotidianas, pues los niños aprenden observando cómo actuamos. Felicitar cualquier intento de decir la verdad, aunque sea pequeño, refuerza esta conducta y les enseña que ser sinceros tiene valor.

De tres a cinco años

Durante el periodo preescolar, los niños comienzan a experimentar con la imaginación y pueden recurrir a pequeñas mentiras para evitar que se les regañe o a fin de protegerse. En esta etapa, es útil propiciar la comunicación creando espacios de diálogo sin juicios, preguntando cómo ha ido su día y escuchando con interés. Mantener la calma y paciencia cuando nos cuentan algo que no nos gusta es clave: necesitan saber que, aunque cometan errores, pueden contar contigo y recibir apoyo. También es importante reforzar con palabras positivas cuando digan la verdad, como en este ejemplo: «Gracias por contarme lo que pasó. Lo valoro mucho y así podremos solucionarlo juntos». Esto motiva a que continúen siendo sinceros.

De seis a ocho años

A medida que los niños crecen, empiezan a comprender mejor las consecuencias de sus actos y la importancia de la honestidad. Es esencial que continúes reforzando que los quieres incondicionalmente y que pueden contar contigo. Ser un ejemplo de honestidad en la vida diaria sigue siendo fundamental porque los niños observan nuestras acciones más que nuestras palabras. Además, es importante enseñarles a asumir lo que han hecho: ayudarles a pensar cómo arreglar lo que hicieron y cómo actuar mejor la próxima vez refuerza la responsabilidad y la comprensión de que decir la verdad también implica asumir las consecuencias. Mantener la calma y la paciencia durante estos procesos fortalece la confianza y el aprendizaje de los niños.

ERRORES COMUNES

- **Hacerle preguntas trampa.** Evita preguntar cuando sepas que lo más probable es que mienta por miedo a las consecuencias. Por ejemplo, en lugar de preguntar «¿Has recogido la habitación?» —si sabes que no lo hizo—, puedes decirle: «Veo que aún faltan cosas por recoger; cuando termines, podrás ver la tele».
- **Culpabilizar o avergonzar.** Si le acusas de mentiroso o lo ridiculizas, es probable que la próxima vez no quiera contarte la verdad. En lugar de eso, puedes decir: «Creo que tienes miedo de decirme lo que pasó. Estoy aquí para ayudarte, pero necesito que seamos sinceros».

- **Castigar cuando dice la verdad.** Si cada vez que dice la verdad lo castigas con dureza, aprenderá que es mejor mentir. Aunque lo que haya hecho esté mal, puedes valorar su sinceridad y luego, con calma, hablar de las consecuencias. Si la conducta es grave, aplica una consecuencia proporcional, pero siempre reconociendo el valor de que te ha sido honesto.
- **Tomarlo como algo personal.** Que tu hijo te mienta no es una ofensa directa a ti como madre o padre. Es una señal de que no ha sabido gestionar una situación. Si lo tomas como algo personal, te enfadarás más y será más difícil ayudarle a mejorar.

MI HIJO NO ME HACE CASO

Hay algo que me repiten casi todos los padres y madres que acuden a mi consulta, vengan por el motivo que vengan: «Mi hijo no me hace caso, no me obedece». Ahora bien, ¿qué significa exactamente *obedecer*? Si nos vamos a la definición de la Real Academia Española, es «cumplir la voluntad de quien manda» o, en su segunda acepción, «dicho de un animal: ceder con docilidad a la dirección que se le da».

¿Estás seguro de que eso es lo que quieres para tu hijo? Sin duda, me dirás que no quieres que sea dócil ni cumpla la voluntad de todo el mundo; solo contigo. Pero, si lo piensas bien, no tiene mucho sentido. Si queremos que nuestros hijos desarrollen el pensamiento crítico, que sean asertivos y que tengan su propia personalidad, tendremos que asumir que muchas veces no van a hacer lo que les pedimos. Y esto es completamente natural.

Tu hijo, por muy inteligente que sea, no siempre creerá que lo que le estás diciendo es importante. Los niños son egocéntricos por naturaleza y siempre van a pensar que jugar, ver la tele o seguir con lo que están haciendo en ese momento es mucho más importante que recoger los juguetes o ducharse. Y, por mucho que le expliques tus razones, todavía no tiene la madurez suficiente para comprender las consecuencias o la trascendencia de sus actos.

Nuestro papel es acompañarlo en ese proceso. Ayudarle a entender poco a poco, con paciencia y repetición. Esto ocurre a medida que madura. No hay una edad mágica en la que, de repente, diga:

«Qué razón tiene mi madre. Voy corriendo a ducharme para no perder tiempo». De hecho, este tipo de pensamientos nos llega más bien cuando somos adultos, ¿verdad? Cuando nos convertimos en padres y madres y comprendemos por fin todo lo que nos decían los nuestros.

Aquí entra en juego un punto clave que veo a diario en consulta: las expectativas. Muchas madres y padres esperan que su hijo les haga caso a la primera, que colabore sin rechistar, que mantenga la calma y que gestione sus emociones como si tuviera treinta años. Y, cuando esto no sucede (porque es un niño), aparece la frustración. Una frustración que se acumula. Que nos desgasta. Que genera conflictos cada día. Y, sin darnos cuenta, acabamos atrapados en un bucle de enfados, reproches, amenazas y castigos. No porque seamos malos padres, sino porque estamos agotados, sobrepasados y, en el fondo, decepcionados. Esperábamos otra cosa. Cuando sucede esto, el ambiente en casa cambia. Las rutinas se convierten en batallas, los momentos compartidos dejan de disfrutarse y nuestro hijo o hija, lejos de hacer más caso, se va desconectando emocionalmente. A veces reacciona con rebeldía, otras con desinterés. Pero, en ambos casos, la relación se resiente.

Hay que tener presente que, detrás de esa desobediencia que tanto nos enfada, no hay maldad ni ganas de fastidiarnos. Hay cansancio, inmadurez, necesidad de conexión, dificultad para regular lo que sienten o simplemente una falta de recursos (puede ser una mezcla de todo lo apuntado). No saben hacerlo mejor. Ahí entramos nosotros: no para exigir obediencia ciega, sino para enseñar, acompañar y guiar con calma y firmeza.

No podemos tomarnos cada no que nos respondan como algo personal. Cuanto más conectados estén con nosotros, más querrán colaborar. Es algo que no se impone, sino que se cultiva poco a poco, con mucha paciencia. Pero a veces cuesta. Cuesta porque, en el fondo, cuando nuestro hijo no nos hace caso, se nos remueve algo dentro. Algo que muchas veces tiene que ver con nuestra propia infancia, con cómo nos educaron a nosotros. Tal vez crecimos en una casa donde había que obedecer sin rechistar, donde no era negociable un no y donde cuestionar lo que decía un adulto era sinónimo de falta de respeto. Y ahora, cuando nuestros hijos nos responden o no cumplen con lo que les pedimos, nos invade la sensación de que estamos fallando.

Nos sentimos inseguros. Dudamos. Nos preguntamos si estamos siendo demasiado blandos, si deberíamos ser más estrictos, si estamos perdiendo autoridad. Y, en ese bucle de dudas y miedo, es fácil acabar reaccionando con rigidez o enfado, no porque lo queramos, sino porque sentimos que ser firmes es la única forma de ser buenos padres y madres.

Pero educar no consiste en imponer respeto desde el miedo, sino en construirlo desde el vínculo. Implica tener claro que podemos poner límites sin dejar de ser afectuosos. Que podemos escuchar sin perder autoridad. Que, cuando nuestro hijo nos dice no, no nos está desafiando como personas, sino mostrando su necesidad de autonomía, su desarrollo, su etapa. Acompañarlo en eso, con calma y seguridad, es una de las tareas más valientes —y difíciles— que hay en la crianza.

En lugar de frustrarnos constantemente porque no nos hacen caso, podemos mostrarles que vale la pena colaborar. Por ejemplo, si nuestra hija o hijo cumple con la rutina de la tarde sin pelear, podemos jugar un rato juntos. Y, si hace la rutina de la noche con tranquilidad, podemos ver en familia parte de una película. Estos momentos compartidos no son premios, sino oportunidades para motivarlos, conectar, disfrutar juntos. Puedes recordarle lo bien que lo pasasteis el día anterior: «¿Te acuerdas lo bien que lo pasamos viendo la película juntos? Tengo muchas ganas de repetirlo». La alternativa ya la conoces: peleas, enfados y un clima familiar agotador.

Educar no es conseguir que hagan caso sin pensar, según lo que se conoce como «obediencia ciega». Es lograr que con el tiempo comprendan los motivos de lo que les pedimos y que lo hagan porque lo sienten, no por miedo. Pero, insisto, eso sucede con el tiempo, no podemos esperarlo ya de ellos.

Diversos estudios en psicología del desarrollo respaldan esta visión más respetuosa de la crianza. La investigación de Diana Baumrind, ampliamente conocida por clasificar los estilos parentales, demostró que los niños criados en entornos autoritarios, donde se impone una forma de obediencia sin espacio para la negociación, pueden mostrar más comportamientos de sumisión a corto plazo, pero también desarrollan menos autonomía, autoestima y habilidades sociales a largo plazo. En cambio, aquellos educados en contextos con límites claros pero acompañados de afecto, lo que se conoce como «estilo democrático», tienden a ser más cooperativos, seguros y empáticos. Esto refuerza la idea de que la obediencia por miedo no funciona ni conviene. Lo importante es que comprendan, con el tiempo, por qué lo que les pedimos tiene sentido.

Antes de terminar este apartado, quiero que pienses que detrás del «No me hace caso» puede haber muchas razones diferentes, y no siempre tienen que ver con la desobediencia. A veces esperamos que nuestros hijos respondan como lo haría un adulto, pero su cerebro y su manera de ver el mundo son muy distintos.

La tabla siguiente te ayudará a interpretar el comportamiento de tu hija o hijo desde otro punto de vista, para así poder ajustar tus respuestas y acompañarlo mejor.

¿Qué puede significar cuando no hace caso?

Lo que hace el niño	Lo que puede significar	Qué necesita
Parece ignorarte cuando le hablas.	Está muy concentrado en su juego.	Conexión previa antes de dar instrucciones.
Se niega constantemente a colaborar.	Necesita sentir más autonomía o está en una etapa de oposición natural.	Opciones dentro de los límites.
Te dice no a todo sin escuchar.	Busca afirmarse y tener control sobre algo.	Escucha, validación y claridad.
Hace lo contrario de lo que le pides.	Llama la atención, busca conexión.	Tiempo exclusivo, estructura.
Se dispersa y no acaba lo que empieza.	Falta de madurez en la autorregulación.	Guía paso a paso, rutinas claras.

Caso de Oliver

Oliver tiene siete años, es un niño muy juguetón y fantasioso. Son las ocho y cuarto de la tarde. Está en el salón, rodeado de muñecos, coches y piezas de construcción. Está sumido en su mundo, inventándose una historia donde él es el héroe que salva a la ciudad. Desde la cocina, su padre le dice que vaya a ducharse. Una vez, dos veces. Oliver no se inmuta. Levanta la cabeza por un segundo, responde con un «Ahora voy» y sigue jugando.

Minutos después, su madre entra al salón con cara de agotamiento. Le insiste, le recuerda la hora. Oliver sigue inmóvil, tan concentrado en su misión que ni siquiera reacciona al tono de sus padres. Finalmente, el cansancio y la frustración estallan. La voz se eleva, las palabras salen llenas de enfado y todo termina en gritos. Al final Oliver se levanta llorando y se mete en la ducha de malos modos. Lo peor es que esta escena se repite muy a menudo y ha llegado a convertir el momento en una pesadilla tanto para sus padres como para él.

¿CÓMO PUEDO AYUDAR A MI HIJO?

Hasta los tres años

En estos primeros años, los niños están aprendiendo a regular su atención y a comprender lo que se espera de ellos. Por lo tanto, ayuda mucho entrar en su mundo de juego o imaginación antes de pedirle algo: si conectamos unos segundos con lo que está haciendo, será más receptivo. Recurre al humor suave para desactivar tensiones, pero sin sarcasmo ni burla, usando frases que conviertan la situación en un juego. Si tras pedirle algo un par de veces no reacciona, acércate, mírale a los ojos, tócale el hombro y acompáñalo en la acción; una presencia cercana muy a menudo vale más que un buen puñado de advertencias.

De tres a cinco años

A partir de los tres años, los niños comienzan a mostrar más autonomía y, en consonancia con esto, también más resistencia a seguir instrucciones. Observar los momentos del día en los que le cuesta más colaborar, como al vestirse, al dejar de jugar o al ir a la cama, permite anticiparse y preparar estrategias que eviten improvisaciones con sus correspondientes enfados. Ser firme significa mantenernos en lo dicho con calma y coherencia, sin ceder constantemente ni gritar. También es útil aplicar consecuencias claras cuando no se cumple una norma importante, de manera lógica y vinculada a la acción. Véase este ejemplo: «Como no recogiste los juguetes, ahora no podemos jugar a otra cosa». Además, las rutinas predecibles ayudan mucho: cuando las secuencias del día son claras —merienda, juego, ducha, cena, cuento, dormir—, el cerebro del niño se adapta y colabora con más facilidad.

De seis a ocho años

A medida que los niños y niñas entran en la Primaria, su capacidad de comprensión aumenta, pero también lo hace su necesidad de límites claros y consistentes. Ser claro en lo que pedimos es fundamental. En lugar de decir «Pórtate bien», conviene dar instrucciones concretas, como «Quédate sentado en el sofá» o «Habla bajito mientras estamos en la sala de espera». Acompañar la conducta sigue siendo útil: si no hace caso, acércate y acompáñalo en la acción. Mantener un tono firme pero calmado ayuda a que entienda lo que se espera y a sentirse seguro.

Para ayudarle, es útil dar instrucciones paso a paso, comprobando que ha entendido cada parte antes de continuar. También se puede utilizar el refuerzo positivo, felicitando cuando cumple con la acción solicitada: «Gracias por recoger tus juguetes sin que te lo tuviera que repetir». Aplicar consecuencias lógicas y coherentes cuando no cumple lo acordado permite que interiorice la relación entre sus actos y sus efectos. Por último, pueden ayudar pequeños juegos o desafíos. Trata de ver, por ejemplo, si puede realizar la tarea en un tiempo determinado de manera divertida, lo que refuerza la colaboración y la motivación.

ERRORES COMUNES

- **Dar instrucciones desde muy lejos.** Si estás en otra habitación y le gritas lo que tiene que hacer, probablemente no lo tome en serio o ni siquiera lo escuche bien. Además, al no contar con tu presencia, siente que tiene margen para retrasarlo. Es mucho más efectivo acercarte, mirarlo y asegurarte de que ha entendido lo que le estás pidiendo.

- **Repetir muchas veces.** Repetir una instrucción diez veces la debilita. Tu hijo aprenderá así que no tiene que hacer nada hasta la séptima vez que se lo digas o hasta que comiences a elevar la voz. En lugar de repetir, ve hacia él, ponte a su altura y dale una oportunidad real de responder con tu ayuda.
- **Gritarle.** «Hasta que no le grito, no me hace caso». Esta frase la escucho muy a menudo en consulta. Pero ¿de verdad queremos que esa sea la única manera de que nuestros hijos reaccionen? El grito puede funcionar en el momento, pero a la larga genera desconexión, malestar y desgaste para todas las personas implicadas.
- **Ceder después de mucho insistir.** Si después de decirle que no a algo (como seguir viendo los dibujos o no recoger) acabamos cediendo porque ha insistido mucho o porque estamos agotados, el mensaje que le damos es que «si insiste lo suficiente, lo consigue». Eso refuerza precisamente la conducta que queremos evitar.
- **Saturarlo con información.** Si le dices «Guarda los lápices, mete el cuaderno en la mochila, ponte los zapatos y prepárate para salir», todo en una sola frase, es muy probable que no sepa por dónde empezar o se le olvide la mitad. Los niños necesitan indicaciones claras y secuenciales, especialmente cuando están cansados o distraídos.

ATRAPADOS POR LAS PANTALLAS

El tema de las pantallas preocupa cada vez más, y con razón. Nuestros hijos están creciendo en un entorno donde la interacción constante con pantallas se ha vuelto la norma, pero eso no significa que sea saludable, especialmente en edades tempranas, como se está demostrando.

Quizás pienses: «Yo también veía la tele cuando era pequeño y no me ha pasado nada». Pero créeme que no es lo mismo. No podemos comparar lo que vivimos en nuestra generación con lo que viven nuestros hijos hoy. La televisión de nuestra infancia era más limitada, más lenta y menos accesible. Había una programación concreta, tenías que esperar a que empezara tu serie favorita y, si te perdías el capítulo, había que esperar días o semanas para poder verlo. No existía la posibilidad de ver un capítulo tras otro ni de elegir entre cientos de opciones al instante. Además, la televisión no era interactiva: no cumplía tus órdenes, no respondía a tus clics.

Hoy en día, los niños y niñas pueden ver cinco capítulos seguidos de su serie favorita si quieren. Pero el problema no está tanto en los dibujos en sí, sino en el acceso ilimitado, inmediato y sin esfuerzo a lo que desean. **Todo está a golpe de clic, lo que está modificando la forma en la que el cerebro se acostumbra a recibir placer y estímulo constante.**

Una de las consecuencias que más estamos observando es que muchos niños se aburren con facilidad y se frustran enseguida. Están acostumbrados a los vídeos ultracortos que se suceden sin parar y que los mantienen atrapados con un bombardeo constante de estímulos. En consulta me llego a encontrar con adolescentes que reproducen las series a mayor velocidad o que van adelantando escenas hasta llegar al final. Muchos ya no toleran ver algo con calma ni esperar. Lo quieren todo ya, rápido, de manera inmediata.

Ese «todo ya» no solo afecta a cómo consumen el contenido, sino también a su manera de vivir. Les cuesta esperar, frustrarse, mantener la atención. Estamos, sin darnos cuenta, criando una generación con muy poca tolerancia a la frustración. Por eso suelo decir en consulta que es la «generación del ya».

Además de poca tolerancia a la frustración y escasa atención, hay más consecuencias que se están encontrando en los estudios recientes. Entre ellas, un aumento en los problemas del sueño, ya que el uso de pantallas —especialmente antes de dormir— interfiere en la producción de melatonina y retrasa el inicio de la sensación de sueño; dificultades en la regulación emocional, con niños que presentan más irritabilidad, cambios bruscos de humor y menos recursos para calmarse solos; menor desarrollo del lenguaje, especialmente en los más pequeños, que pasan más tiempo frente a una pantalla que interactuando con adultos; y una disminución en el tiempo de juego activo y creativo, fundamental para el desarrollo cognitivo y social.

Un estudio longitudinal publicado en *BMC Psychology* analizó a niños de nueve y diez años y encontró que un mayor tiempo frente a las pantallas se asociaba con síntomas más graves de depresión, ansiedad, falta de atención y agresividad. Aunque los efectos fueron leves, demostraron ser consistentes, especialmente con respecto al uso de videojuegos y redes sociales.

Consecuencias negativas de la exposición excesiva a las pantallas durante la infancia

Área afectada	Posibles consecuencias
Física	• Problemas de sueño (insomnio, retraso en conciliar el sueño). • Sedentarismo y mayor riesgo de sobrepeso u obesidad. • Dolor de cabeza, fatiga visual, posturas inadecuadas.
Cognitiva	• Disminución de la capacidad de atención sostenida. • Reducción del tiempo de juego simbólico y exploración. • Retrasos en el desarrollo del lenguaje (especialmente en menores de cinco años).
Emocional	• Baja tolerancia a la frustración. • Irritabilidad y cambios de humor. • Dificultad para autorregularse sin estímulos externos.
Social	• Menor desarrollo de las habilidades sociales. • Aislamiento o dificultad para relacionarse con iguales. • Menor participación en actividades familiares o grupales.
Familiar	• Conflictos por los límites de uso. • Menor interacción entre progenitores e hijo. • Uso de pantallas como «calmante emocional» en lugar de acompañamiento afectivo.

Tras los recientes estudios, la Asociación Española de Pediatría (AEP) actualizó sus recomendaciones sobre el uso de pantallas. En la actualidad, se desaconseja su uso antes de los seis años y se sugiere un máximo de una hora diaria para los niños de entre seis y doce años. El uso rutinario de dispositivos para distraer o calmar a los niños puede generar dependencia y dificultades en la autorregulación emocional en etapas posteriores.

Recomendaciones de la AEP sobre el uso de las pantallas según la edad	
Edad	Recomendaciones
0-2 años	• Evitar el uso de pantallas. No existe un tiempo seguro de exposición. Se permiten videollamadas ocasionales con familiares, siempre acompañadas por un adulto.
3-5 años	• Evitar el uso de pantallas. Priorizar el juego, la exploración y las actividades sensoriales. Solo se permite, con supervisión adulta, en momentos concretos de contacto social.
6-8 años	• Uso limitado y supervisado, de un máximo de una hora al día, con finalidad educativa, recreativa o de comunicación. Se deben priorizar las actividades al aire libre, los juegos creativos y el tiempo en familia.

Estas recomendaciones se basan en estudios que evidencian los efectos negativos del uso excesivo de las pantallas en la salud infantil.

En cualquiera de los casos, esto no significa que las pantallas sean el enemigo, sino que necesitamos acompañar, regular y limitar su uso. El problema no es solo cuánto tiempo están frente a ellas, sino también qué ven, cuándo y con quién.

Caso de Manuel

Manuel tiene ocho años. Es un niño tranquilo, sensible y, aunque en general se porta bien, últimamente sus padres han empezado a preocuparse. En el colegio siente que no destaca: no se le dan bien los deportes como a sus compañeros y, en clase, tiene la sensación de pasar desapercibido. Le cuesta levantar la mano, no se siente seguro, y eso le hace retraerse todavía más.

Hace unos meses, sus padres le regalaron un ordenador para hacer los trabajos de la escuela, pero pronto empezó a utilizarlo para jugar en línea. Desde entonces, cada tarde se encierra en su habitación y se conecta a un juego multijugador en línea en el que ha encontrado lo que no logra en la vida real: un lugar donde sentirse importante. Tiene varios amigos virtuales y en el grupo que han formado él es uno de los líderes. En este nuevo entorno se siente visto, valorado y seguro.

Ahora, cada vez que sus padres le proponen salir al parque o hacer alguna actividad en familia, Manuel se niega en rotundo. Prefiere quedarse en casa con el ordenador. Cuando le insisten y finalmente sale, va de mala gana, con el ceño fruncido y preguntando muy a menudo «¿Cuándo volvemos?». Poco a poco, está dejando de relacionarse con los niños de su entorno, se aísla más de su familia y su mundo gira casi exclusivamente alrededor del universo digital, en el que sí siente que encaja.

¿CÓMO PUEDO AYUDAR A MI HIJO?

Hasta los tres años

Durante los primeros tres años de vida, los niños están en una etapa de exploración constante, aprendizaje sensorial y desarrollo de habilidades básicas a través del juego y la interacción directa con los adultos. Por ello, la AEP desaconseja el uso de pantallas en este rango de edad, ya que no existe un tiempo seguro de exposición y su uso puede interferir en el desarrollo cognitivo, emocional y social del niño.

Lo fundamental en esta etapa es priorizar el juego, la comunicación, el contacto físico y la exploración del entorno, que son los medios naturales para aprender, socializar y desarrollar la atención y la concentración. Limitar el contacto con las pantallas desde los primeros años ayuda a establecer hábitos saludables y a proteger el desarrollo integral del niño.

De tres a cinco años

Entre los tres y los cinco años, los niños empiezan a mostrar interés por juegos y vídeos en dispositivos, pero su capacidad de autorregulación aún es limitada. Por eso, la recomendación sigue siendo evitar las pantallas, aunque sabemos que la mayoría de las familias las utilizan. En caso de hacerlo, debemos establecer horarios claros para su uso, lo que ayuda a que nuestros hijos e hijas comprendan los límites. En esta etapa, el uso de pantallas debe ser muy limitado, como videollamadas con familiares o contenido recreativo breve, siempre acompañado por un adulto. Al mismo tiempo, es fundamental ofrecer muchas actividades al aire libre y de juego creativo, de manera que las pantallas sean solo una parte del entretenimiento y no la única fuente de diversión.

De seis a ocho años

Después de los seis años, comprenden mejor las normas, pero también son más persistentes a la hora de pedir tiempo frente a las pantallas. Mantener dispositivos en zonas comunes y establecer límites concretos sobre la duración y los momentos de uso sigue siendo fundamental. Primero deben cumplir con sus responsabilidades, tareas o rutinas, y luego acceder al ocio digital. Además, el ejemplo de los adultos sigue siendo clave: si ven que los padres usan constantemente el móvil o ven la televisión durante las comidas, les costará entender por qué a ellos se les establecen límites. Alternar actividades al aire libre, paseos, juegos en familia y tiempos de pantalla controlados ayuda a que aprendan a disfrutar de una vida equilibrada y consciente frente a los dispositivos.

ERRORES COMUNES

- **Permitir el uso de auriculares sin control alguno.** Evita que tu hija o hijo use auriculares sin supervisión, ya que pueden aislarlo y dificultar la comunicación en casa. Además, no sabrás con certeza qué está viendo o escuchando.
- **No estar cerca cuando usa dispositivos.** Es importante acompañarlo, incluso si solo está viendo la televisión. Tu presencia te permite supervisar el contenido y fomentar un uso más consciente.
- **Darle acceso a las redes sociales.** Hoy en día, las redes sociales no son adecuadas para los menores de dieciséis años. Ofrecerle acceso antes de tiempo puede exponerlo a contenidos inapropiados y a situaciones que aún no sabe manejar.
- **Permitir ver YouTube sin control.** Aunque YouTube puede ser útil en determinadas circunstancias para aprender, asegúrate de que el contenido sea adecuado a su edad y limita el tiempo que pasa en la plataforma.
- **Exponerlo a vídeos cortos encadenados.** El consumo excesivo de vídeos muy breves puede reducir su capacidad de atención y dificultar el desarrollo de la paciencia.
- **Recurrir a una pantalla mientras come.** Aunque a veces parece que ver dibujos ayuda a que coma mejor, esto puede distraerlo del momento familiar y perjudicar sus hábitos alimentarios.
- **Exponerse a las pantallas antes de dormir.** Está demostrado que la luz azul de las pantallas interfiere en la producción de melatonina, la hormona que facilita el sueño. Por eso, conviene evitar pantallas al menos una hora antes de irse a la cama.

RESUMEN

En este capítulo hemos hablado sobre las conductas de nuestros hijos: por qué aparecen, cómo podemos entenderlas y qué estrategias podemos aplicar para ayudarles a crecer de manera saludable. Hemos visto que en las conductas que nos resultan desafiantes —la desobediencia, la dificultad para estudiar o la mentira— a menudo subyacen necesidades emocionales no expresadas, baja tolerancia a la frustración o simplemente un desarrollo madurativo que aún está en proceso.

También hemos reflexionado sobre cómo nuestras propias expectativas y reacciones pueden influir en el comportamiento de nuestras hijas e hijos y por qué es tan importante mantener un **equilibrio entre firmeza y afecto**. Hemos visto la importancia de las rutinas, de establecer límites claros y de evitar los errores más comunes; estos, sin querer, a veces refuerzan las conductas que deseamos cambiar.

Por último, quiero insistir en que una conducta poco adecuada por parte de nuestro hijo o hija no significa que sea mala persona. Las conductas reflejan emociones, necesidades o dificultades que aún no sabe manejar, por lo que nuestro papel es acompañarlo para que aprenda a gestionarlas. Con paciencia, cariño y coherencia podemos enseñarle límites, ayudarle a comprender las consecuencias de sus actos y fomentar habilidades sociales y emocionales de manera que vaya creciendo con seguridad y confianza en sí mismo.

CONSEJOS PARA MADRES Y PADRES

- **Escucha antes de reaccionar.** Antes de enfadarte o actuar, intenta entender por qué tu hijo se comporta así. Pregúntate: «¿Qué está sintiendo? ¿Qué necesita?». A menudo hay una razón detrás de cada conducta.

- **Conecta antes de corregir.** Asegúrate de conectar emocionalmente con tu hijo antes de pedirle que haga algo. Un abrazo, una mirada o un gesto de complicidad facilitan la cooperación.

- **Mantén la calma y la coherencia.** Los niños y niñas necesitan un adulto que sepa mantener la calma y que transmita seguridad. Si tus límites cambian cada día o reaccionas con gritos y enfados, se sentirán inseguros y será más difícil que te sigan.

- **Refuerza lo positivo.** Valora y reconoce las conductas adecuadas cada vez que puedas. «Me ha encantado cómo has recogido tus juguetes» tiene más efecto que un buen puñado de advertencias.

- **Sé un modelo.** Recuerda que tus hijos aprenden más de lo que haces que de lo que dices. Si quieres que sean respetuosos, pacientes o responsables, muéstrales cómo se hace.

- **Adapta tus expectativas.** Recuerda que tu hijo o hija no es un adulto pequeño. Ajusta tus exigencias a su etapa de desarrollo. No todo se aprende de golpe: hay habilidades que necesitan tiempo y práctica para consolidarse.

- **Pon límites claros de manera afectuosa.** No temas decir no cuando sea necesario, pero hazlo con respeto y cariño. Los límites son una forma de cuidado y le ayudan a sentirse seguro.

- **Prioriza la conexión emocional.** Antes de corregir o disciplinar, busca conectar. Esto no significa ceder a todo, sino demostrar que estás disponible y dispuesto a ayudarle a aprender.

- **Evita reforzar conductas no deseadas.** Si tu hijo solo obedece cuando le gritas o cuando repites veinte veces, aprenderá que solo así debe actuar. Sé consistente y no refuerces conductas que quieres cambiar.

- **Celebra sus logros, por pequeños que sean.** Cada paso que tu hijo da merece un reconocimiento. Esto le refuerza la autoestima y la motivación para seguir aprendiendo.

COMPRUEBA

Marca lo que has hecho esta semana:

☐ He dado instrucciones claras y concretas (no solo «Pórtate bien», sino «Recoge los juguetes, por favor»).

☐ Me he acercado a mi hijo antes de hablar para asegurarme de que me escuchaba y conectar emocionalmente.

☐ He evitado repetir muchas veces la misma instrucción: si no lo hacía, yo actuaba con calma y consistencia.

☐ Me he mantenido firme y sereno, sin elevar la voz ni perder los nervios.

☐ He reforzado sus logros y pequeños esfuerzos, no solo le he dicho lo que ha hecho mal.

☐ Le he ofrecido opciones cuando se ha negado a colaborar (por ejemplo: «¿Prefieres recoger primero los coches o los bloques de construcción?»).

☐ He evitado gritar o amenazar como primer recurso.

☐ Le he recordado las consecuencias de sus actos de forma clara y calmada, en lugar de castigar de forma impulsiva.

☐ He pensado en si la conducta que me preocupa tiene relación con su edad y etapa de desarrollo.

☐ He dedicado tiempo a conectar con él, sin pantallas de por medio, simplemente estando juntos.

CAPÍTULO 6

Crecer con confianza

Todos queremos que nuestros hijos e hijas crezcan seguros, capaces de valerse por sí mismos y con una imagen positiva de quiénes son. Intentamos transmitirles valores como la confianza, el respeto o la responsabilidad. Pero, a veces, por mucho que lo intentemos, sentimos que no llegamos al objetivo. Nos esforzamos por animarlos, por darles autonomía, por enseñarles a defenderse con respeto y, sin embargo, nos encontramos con inseguridades, dependencia o dificultades para expresarse.

No es que estemos haciéndolo mal. Desarrollar estas habilidades requiere tiempo, acompañamiento y unas cuantas pautas claras y sostenidas en el día a día. Este capítulo tiene este objetivo: darte recursos concretos que te ayuden a fomentar la autoestima de tu hijo, su autonomía y su capacidad para comunicarse de forma asertiva.

Durante la infancia, especialmente hasta los diez años, se sientan muchas de las bases que van a acompañar a nuestros hijos el resto de su vida: cómo se ven a sí mismos, cómo se relacionan con los demás y qué capacidad sienten que tienen para enfrentar lo que venga. Por eso, aunque a veces parezca que aún son pequeños, todo lo que sembramos tiene un impacto profundo y duradero.

Vamos a recorrer este camino juntos, con ejemplos, estrategias y, como siempre, mucho sentido común y cariño.

AYÚDALE A FOMENTAR SU AUTOESTIMA

La autoestima es uno de los pilares más importantes en el desarrollo emocional y social de nuestros hijos e hijas. No es solo una palabra bonita que está de moda ni un concepto abstracto; es la base sobre la que se construye la percepción que el niño tiene de sí mismo. Si se siente valioso, capaz y querido, tendrá más recursos para enfrentar los retos de la vida, establecer relaciones sanas y cuidarse a sí mismo en el futuro.

Por eso, desde muy pequeños, es fundamental que les enseñemos, con gestos, palabras y actitudes, a valorarse, a confiar en sus capacidades y a sentirse seguros tal y como son. A veces pensamos que esto se logra únicamente diciendo «Muy bien» o «Qué listo eres», pero en realidad la autoestima se fortalece a través de experiencias cotidianas: cuando los dejamos intentar algo solos, cuando reconocemos su esfuerzo en lugar del resultado o cuando los escuchamos con atención, incluso si lo que cuentan no parece ser gran cosa.

Recuerda que la autoestima no solo influye en cómo se ven a sí mismos, sino también en cómo se relacionan con el mundo. Un niño con buena autoestima se sentirá más libre para expresar lo que piensa, poner límites sanos y recuperarse de los errores sin hundirse. En cambio, una autoestima baja puede tener consecuencias importantes, y no es algo que debamos pasar por alto.

Investigaciones recientes apuntan en este mismo sentido. Un estudio longitudinal publicado por el National Institute of Child Health and Human Development mostró que los niños con baja autoestima a los diez años tienen más probabilidades de desarrollar conductas antisociales y de enfrentar limitaciones económicas en la vida adulta. Además, un metaanálisis realizado por Orth & Robins (2013) concluyó que la baja autoestima en la infancia está relacionada con problemas académicos, dificultades de atención y conflictos en las relaciones con los demás. Uno de los datos más impactantes: los niños con autoestima baja tienen el doble de riesgo de desarrollar ansiedad y hasta seis veces más posibilidades de sufrir depresión durante la adolescencia (Sowislo & Orth, 2013).

No lo digo para alarmarte, sino para ponerte en perspectiva: la autoestima no es solo que nuestros hijos «se quieran». Es una base sólida sobre la que se apoyan su bienestar emocional, sus vínculos, sus aprendizajes y su capacidad de superar retos.

Ayudarles a desarrollar una autoestima sana no significa que siempre tengan que sentirse bien o lograr todo a la primera, sino que han de aprender a quererse incluso cuando las cosas no salen como esperaban. Ese es, quizás, uno de los regalos más grandes que podemos darles como madres y padres: **que se reconozcan incluso cuando no brillan y que sepan que valen simplemente por ser quienes son.**

¿Cómo puedo saber si mi hijo tiene una baja autoestima?

- Se critica mucho a sí mismo: dice frases como «Soy tonto», «Nunca me sale bien», «Yo no puedo» o «Siempre lo hago mal».
- Evita retos o cosas nuevas: prefiere no intentarlo antes que fallar. El miedo al error lo bloquea.
- Tiene mucha necesidad de aprobación: necesita constantemente que le digas que lo ha hecho bien o que estás orgulloso de él, porque no confía en su propio criterio.
- Se frustra con facilidad: cualquier pequeño fallo o dificultad le hace sentir que no sirve para nada.
- Se compara continuamente con otros niños: suele verse por debajo, como si todos fueran mejores o más capaces.
- Le cuesta aceptar elogios: cuando lo felicitas, puede contestar con un «No es para tanto» o «Ha sido cuestión de suerte».
- Evita expresar lo que quiere o necesita: por miedo a molestar, a que se rían de él o a equivocarse.
- Tiene conductas de sumisión o aislamiento: se deja llevar por otros aunque no quiera o directamente evita participar en juegos o conversaciones.
- A veces responde con enfado o rabia: aunque parezca lo contrario, la baja autoestima también puede esconderse tras una actitud desafiante. Es una forma de protegerse.

Caso de Beatriz

Beatriz tiene seis años y en casa se muestra como una niña creativa, habladora y muy expresiva. Le encanta inventar historias, cantar y tiene un desparpajo que sus padres siempre han valorado. Sin embargo, desde pequeña han notado que, fuera de ese entorno seguro, Beatriz se apaga: en el colegio o con familiares apenas habla, no se atreve a participar y parece mucho más insegura. Aunque cumple con lo que se le pide, rara vez toma la iniciativa o levanta la mano en clase.

Lo que más preocupa a sus padres es cómo se habla a sí misma cuando algo no le sale bien: «Soy un desastre», «Mejor que lo haga otro», «Es que yo no sirvo para esto». Aunque intentan animarla y recordarle todo lo que sí sabe hacer, sienten que su confianza es muy frágil.

¿CÓMO PUEDO AYUDAR A MI HIJO?

Hasta los tres años

En estos primeros años, la autoestima se construye principalmente a través del afecto, la atención y la conexión con los adultos. Escuchar sus balbuceos, mirar lo que hace con interés y responder a sus intentos de comunicación le transmite que lo que hace y dice importa. Felicitar y celebrar sus pequeños avances, como agarrar un objeto por sí mismo o explorar algo nuevo, refuerza su sensación de seguridad y valor. Mostrarle cercanía, darle abrazos y palabras de ánimo le ayuda a sentirse querido y comprendido, lo que sienta las bases de su confianza en sí mismo. Además, que nombremos y validemos sus emociones desde el inicio («Veo que estás frustrado porque no salió como querías») le enseña que sus sentimientos son importantes y aceptables.

De tres a cinco años

Durante la etapa preescolar, los niños y niñas empiezan a comprender emociones y logros. Podemos ayudarles a identificar y ponerles nombre a sus emociones, validando lo que sienten y mostrando que está bien experimentar todo tipo de sentimientos. Escucharles sin juzgar, preguntar cómo se sienten y reconocer sus esfuerzos diarios les hace sentir valorados. También podemos usar cuentos o ejemplos cotidianos para enseñarles la importancia de valorarse y confiar en sí mismos, reforzando la idea de que sus pensamientos y sentimientos importan. Además, prestar atención a sus fortalezas y talentos, como dibujar, cantar o construir, y animarles a explorarlos, les ayuda a sentirse competentes y a aumentar la confianza en sí mismos.

De seis a ocho años

A medida que entran en Primaria, la autoestima de los niños se refuerza mediante actividades que los motiven y les permitan sentir competencia, siempre acompañadas de reconocimiento emocional. Podemos celebrar sus logros y progresos con palabras y gestos concretos, y enseñarles a aceptar la imperfección: equivocarse es parte del aprendizaje, no un fracaso. Por ejemplo, si tu hijo intenta montar un puzle y no le encajan las piezas a la primera, puedes decirle: «¡Qué bien lo estás haciendo! No pasa nada por que algunas piezas no encajen al principio, así es como aprendemos». Celebrar su esfuerzo y mostrar que equivocarse es normal refuerza su autoestima. Dedicar tiempo a escuchar y validar sus opiniones, mirarle a los ojos y mostrar interés genuino refuerza la confianza que tiene en sí mismo. Plantear retos realistas y alcanzables, que puedan superar paso a paso, les ayuda a sentirse capaces y competentes. Por ejemplo, si quiere aprender a hacerse un bocadillo solo, podemos guiarle paso a paso, celebrando cada logro: untar el pan, añadir los ingredientes y cortar el bocadillo (con supervisión). También es útil seguir observando sus habilidades y talentos y animarlo a profundizar en ellos, lo que refuerza que sus capacidades y esfuerzos son valiosos y que confiamos en lo que puede lograr.

ERRORES COMUNES

- **Etiquetarlos negativamente.** Frases como «Es que siempre eres un desastre» o «Eres muy protestona» dejan huella. Aunque las digamos sin intención, van calando poco a poco en su autoconcepto. Si les repetimos que son torpes, quejicas o vagos, terminarán creyéndoselo.

- **Corregirlos demasiado rápido sin dejar que se expresen.** A veces, por las prisas o por querer enseñarles lo correcto, no les dejamos explicar lo que sienten o piensan. Interrumpirlos o corregirlos enseguida puede hacer que sientan que su voz no importa.
- **Hacérselo todo.** Por ahorrar tiempo o evitar que se frustren, muchas veces terminamos resolviéndoles todo. Pero esto les transmite el mensaje (sin querer) de que no son capaces o de que no confiamos en ellos.
- **No enseñarles a afrontar el esfuerzo ni los retos.** Si evitamos que se esfuercen o les resolvemos cualquier dificultad antes de que intenten enfrentarse a ella, no aprenderán a confiar en su capacidad de superación. Afrontar retos, aunque fallen al principio, fortalece su autoestima.
- **Compararlos con otros.** Decir «Mira tu hermano; él sí puede» o «Tu prima es más ordenada» no motiva, desanima. Cada niño tiene su ritmo, por lo que compararlos les mina la seguridad y el valor propio.

AYÚDALE A DESARROLLAR SU AUTONOMÍA Y A SER MÁS RESPONSABLE

Es algo que a muchos padres no les suele preocupar cuando los niños son pequeños. Los vestimos, les damos la comida en la boca, les recogemos los juguetes, no les pedimos que hagan la cama ni que se preparen la mochila, porque, claro, son pequeños... y «ya tendrán tiempo de aprender». Pero lo cierto es que muchas veces subestimamos lo que nuestros hijos son capaces de hacer. Y, si lo hacemos, sin darnos cuenta les quitamos la oportunidad de aprender por sí mismos.

La autonomía no aparece de un día para otro. Se construye poco a poco desde los gestos más simples. Un niño que aprende a ponerse los calcetines por sí mismo o a servirse un vaso de agua no solo gana una habilidad práctica; está interiorizando el mensaje de «Soy capaz», «Confían en mí», «Puedo hacerlo».

Sin embargo, cuando los niños van creciendo, a todos los padres nos entra la prisa: queremos que recojan su cuarto, que se hagan la cama, que lleven la ropa al cesto o que se preparen la mochila. ¿Y qué pasa? Que no los hemos entrenado hasta entonces, por lo que nos encontramos con una batalla diaria. Exigimos responsabilidad sin haberla sembrado con tiempo. Ellos se frustran, y nosotros también, porque las expectativas no se corresponden con lo que les hemos enseñado.

Darles responsabilidades adecuadas a su edad y permitir que se equivoquen forma parte del proceso. Seguramente no lo harán a la perfección —puede que ni siquiera medianamente bien—, pero es importante que lo intenten, que participen, que se sientan parte activa de la dinámica familiar. En esto también consiste la educación emocional.

Además, está demostrado que los niños que desarrollan su autonomía desde una edad temprana tienden a exhibir una mejor autoestima, una mayor tolerancia a la frustración y más habilidades sociales (Grolnick & Farkas, 2002). También muestran más motivación intrínseca, es decir, hacen las cosas porque se sienten bien consigo mismos, no solo para buscar un premio o evitar un castigo.

Como padres, a veces hacemos todo por ellos porque vamos con prisa, porque es más cómodo o porque creemos que así los estamos cuidando. Pero la vida real no se facilita evitándoles los retos, sino enseñándoles a enfrentarlos con confianza, poco a poco. Cada pequeño paso que damos con ellos hoy los prepara para ser adultos más seguros, autónomos y responsables en el futuro.

Reconozco que a veces no tenemos claro qué tareas podemos pedirles según su edad o dudamos de si estamos exigiendo mucho o muy poco. Para ayudarte en este proceso, te dejo una guía orientativa con ejemplos de responsabilidades que pueden asumir los niños a lo largo de su desarrollo. Recuerda que cada niño es diferente, así que adáptalo según sus capacidades y momento madurativo. Lo importante no es que lo hagan a la perfección, sino que se sientan útiles, valorados y parte activa de la vida familiar.

Responsabilidades según la edad

Edad	Responsabilidades sugeridas
0-3 años	• Guardar sus juguetes en una caja. • Tirar el pañal a la basura. • Ayudar a recoger la mesa (objetos de plástico). • Echar la ropa sucia al cesto.
4-5 años	• Poner servilletas y cubiertos en la mesa. • Vestirse con poca ayuda. • Regar plantas. • Colocar su mochila o abrigo en su sitio. • Ayudar a doblar ropa.
6-8 años	• Hacer su cama con supervisión. • Prepararse una merienda sencilla. • Alimentar a una mascota pequeña. • Recoger la habitación. • Ayudar a poner y quitar la mesa. • Preparar el desayuno (con cosas básicas).

Caso de Fran

Fran tiene ocho años y, aunque ha crecido mucho físicamente y sus padres lo ven ya como un «pequeño hombrecito», en su día a día sigue mostrando una gran dependencia. Pide constantemente que le hagan las cosas más básicas, como prepararle la mochila o llevarle un vaso de agua, y se enfada si se le pide que colabore con pequeñas tareas en casa. Sus padres sienten que cada mínima petición se convierte en una discusión.

Este caso refleja una situación muy habitual: cuando no se ha fomentado la autonomía desde una edad temprana, los niños pueden resistirse a asumir responsabilidades a medida que crecen. Lo que para los adultos parece una tarea sencilla para ellos se vive como una obligación impuesta y molesta.

¿CÓMO PUEDO AYUDAR A MI HIJO?

Hasta los tres años

En los primeros años, la responsabilidad se aprende a través de la participación en pequeñas tareas cotidianas. Permitir que los niños y niñas hagan cosas aunque no salgan a la perfección, como recoger sus juguetes o intentar alimentarse solos, les transmite confianza y seguridad. No se trata de corregir cada paso, sino de acompañar mostrando que confiamos en sus capacidades. Pedirles colaboración en tareas simples, como pasar un paño por encima de algo sucio o ayudarte a guardar objetos, los hace sentir útiles y parte activa de la familia.

De tres a cinco años

A partir de los tres años, pueden asumir responsabilidades adaptadas a su edad. Es útil que cada día tengan una tarea pequeña que puedan considerar suya, como ayudar a poner la mesa, doblar la ropa o regar las plantas. Al mismo tiempo, es importante permitirles tomar pequeñas decisiones, como elegir qué camiseta ponerse o qué fruta merendar, lo que refuerza su autonomía y autoestima. Evitar corregirlos constantemente mientras realizan la tarea ayuda a que se concentren y disfruten del aprendizaje; nuestro papel es acompañar sin controlar. Reconocer el esfuerzo más que el resultado transmite que lo importante es intentarlo, avanzar y aprender.

De seis a ocho años

A medida que los niños crecen y entran en Primaria, su capacidad de asumir responsabilidades aumenta. Podemos asignarles tareas más estructuradas, como preparar su mochila, organizar su escritorio o colaborar en la compra, siempre adecuadas a su edad. Es fundamental valorar su esfuerzo y progreso, no solo el resultado final, para que interioricen que la responsabilidad significa compromiso y aprendizaje, no perfección. Pedirles ayuda en la vida diaria, de manera concreta y positiva, refuerza su sensación de utilidad y pertenencia a la familia, y fomenta hábitos de autonomía y organización que los acompañarán en su desarrollo.

ERRORES COMUNES

- **Sobreprotegerlos.** Cuando hacemos todo por ellos pensando que «aún son pequeños» o que «así se hace más rápido», sin querer les estamos transmitiendo el mensaje de que no pueden solos. Eso limita mucho su autonomía y su confianza.
- **Hacerlos sentir inútiles cuando se equivocan.** Frases como «Ya sabía que no lo ibas a hacer bien» o «Mejor lo hago yo» desmotivan y dañan su autoestima. Aprender implica equivocarse.
- **Dar órdenes sin explicar ni implicarlos.** Si solo reciben órdenes y no entienden para qué sirven las tareas o no sienten que forman parte del equipo familiar, lo harán a regañadientes o dejarán de hacerlo.
- **Exigir sin haber enseñado antes.** A veces pedimos que recojan su cuarto o hagan la mochila, pero nunca les hemos enseñado cómo hacerlo paso a paso. Necesitan nuestra guía para aprenderlo.
- **Infravalorar lo que sí hacen bien.** Cuando ponemos el foco solo en lo que falta o en lo que hacen mal, pierden la motivación. Es clave reconocer también los pequeños logros del día a día.

AYÚDALE A SER ASERTIVO

La asertividad es una de esas habilidades que debe estar presente en nuestro día a día. Y no hay duda de que es una asignatura pendiente para muchos adultos. ¿Cuántas veces nos hemos callado lo que pensábamos por no molestar? ¿O, al contrario, lo hemos soltado de forma brusca y ha acabado en conflicto? A nuestros hijos les pasa lo mismo. Por eso es tan importante que les enseñemos desde pequeños a expresarse con respeto, pero también con firmeza.

Cuando hablamos de estilos comunicativos, solemos encontrarnos con tres formas principales. Este cuadro te puede ayudar a identificar cómo se comunica tu hijo... ¡y también cómo lo haces tú!

Estilos comunicativos

Estilo	¿Cómo se expresa?	¿Qué suele sentir?	Consecuencias habituales
Pasivo	Se calla, evita el conflicto, no dice lo que quiere o necesita.	Inseguridad, miedo a molestar o al rechazo.	Acumula frustración, se siente ignorado.
Agresivo	Grita, impone, habla sin escuchar al otro.	Ira, necesidad de control.	Rechazo, conflictos frecuentes.
Asertivo	Habla con claridad, dice lo que piensa sin herir al otro.	Seguridad, tranquilidad, respeto propio.	Mejores relaciones, más autoestima.

¿Te identificas con alguno de estos estilos ahora que conoces sus características? ¿Y tu hijo? Es normal no mantener siempre el mismo estilo, sobre todo en momentos de cansancio o estrés. Pero solemos tender a uno más que a los demás, por lo que reconocerlo es el primer paso para acompañar mejor a nuestros hijos.

Ser asertivo no significa ganar siempre ni conseguir que los demás hagan lo que queremos. Implica atreverse a hablar, defender nuestros derechos sin dañar los del otro y aprender a decir no sin miedo ni culpa. Y, aunque parezca complejo, los niños y niñas lo pueden aprender si les damos ejemplo y los acompañamos.

Aprenden cuando los escuchamos sin interrumpir, cuando no los corregimos a cada momento, cuando les mostramos cómo expresar una idea sin gritar y cuando nos ven poner límites de forma respetuosa. Por ejemplo, en vez de decir «No digas eso, que está mal», podríamos preguntar: «¿Hay otra forma de decirlo que no suene tan dura, pero que siga siendo sincera?». O, en vez de hablar por ellos, podemos darles tiempo para que respondan.

Cuando los niños aprenden a comunicarse de manera asertiva, consiguen:

- Respetarse a sí mismos y a los demás.
- Reducir los conflictos innecesarios; ni se callan ni se imponen.

- Fortalecer su seguridad emocional; aprenden que su voz importa y que pueden expresarse sin miedo.
- Poner límites a los demás.

Si te das cuenta, todo esto de lo que estamos hablando tiene mucho que ver con la autonomía y la autoestima, que ya hemos abordado anteriormente. Fomentar la comunicación asertiva en casa no es solo enseñarle a tu hijo a «decir las cosas bien». Es enseñarle a vivir con una autoestima sana, a defender sus ideas, a pedir ayuda, a poner límites y a cuidar sus relaciones. La asertividad es una herramienta que le servirá para toda la vida.

Caso de Cristina

Cristina —Cristi la llaman en casa— es una niña de cinco años muy capaz: le va bien en la escuela, juega al baloncesto y en casa es muy divertida. Pero, cuando está con su grupo de amigos, parece que se sintiera intimidada. En el recreo nunca dice a qué quiere jugar, aunque le encantaría proponer el baloncesto. Prefiere callar por miedo a que la rechacen o se rían de ella, así que termina jugando a lo que otros deciden, aunque no le apetezca.

Sus padres ven que le cuesta defender sus gustos y sentirse segura en grupo y, aunque en casa se muestra segura, fuera le falta confianza para expresarse. Lo que Cristi necesita no es solo «ser más valiente», sino aprender a ser asertiva: decir lo que piensa y siente sin miedo, pero también sin imponerse.

¿CÓMO PUEDO AYUDAR A MI HIJO?

Hasta los tres años

En los primeros años, los niños están aprendiendo a comunicarse y a expresar sus necesidades básicas. Escucharlos con calma, mirándoles a los ojos y prestando atención a lo que intentan transmitir les hace sentir valorados y comprendidos. Aunque todavía no puedan poner palabras exactas a sus emociones, es útil acompañarlos y modelar conductas de respeto y comunicación, mostrando cómo pedir algo o expresar desacuerdo de manera tranquila y amable. Incluso gestos simples como ofrecerles alternativas o ver que hay que esperar el turno les enseñan a comunicar sus deseos sin conflictos.

De tres a cinco años

Entre los tres y cinco años, los niños empiezan a comprender mejor sus emociones y a interactuar con otros. Podemos enseñarles a poner límites de forma sencilla, como decir «No, gracias» con amabilidad y firmeza, y ayudarles a buscar soluciones juntos cuando surgen desacuerdos. Mostrar una comunicación respetuosa y educada en casa, incluso en momentos de enfado, les sirve de modelo para que ellos también aprendan a expresarse correctamente. Asimismo, es importante enseñarles que pedir ayuda no es una debilidad, sino una forma de cuidarse y de gestionar mejor las situaciones difíciles. Seamos nosotros también ejemplo de esto.

De seis a ocho años

En esta etapa, pueden entender con más claridad la importancia de la asertividad en sus relaciones. Escucharlos con calma sigue siendo clave: sentir que sus opiniones son valoradas refuerza su confianza. Podemos guiarlos para que establezcan límites claros y respetuosos, busquen soluciones ante problemas cotidianos y comuniquen sus necesidades de manera firme pero amable. Por ejemplo, si un compañero de clase quiere jugar con su juguete favorito, podemos enseñarle a decir: «Ahora estoy jugando yo, pero cuando termine te lo presto un rato»; así muestra respeto y firmeza a la vez. Además, enseñarles a pedir ayuda sin culpa ni vergüenza, y a reconocer cuándo es necesario, les proporciona herramientas para relacionarse de forma sana con los demás y afrontar desafíos de manera autónoma y segura.

ERRORES COMUNES

- **Gritar en casa como forma habitual de comunicación.** Si crecen en un ambiente donde se grita para hacerse oír, es probable que copien ese estilo para expresarse, pensando que es la única manera de hacerse respetar.

- **Hablar por ellos constantemente.** A veces, por ahorrar tiempo o evitar que se equivoquen, contestamos por nuestros hijos. Esto les quita la oportunidad de practicar cómo expresar lo que sienten o piensan.
- **No dejarles decir que *no*.** Si cada vez que se niega a algo lo corregimos automáticamente o le hacemos sentir culpable, aprenderá que decir *no* es malo. Con el tiempo, puede hacer que acabe siendo más sumiso o vulnerable ante la presión de los demás. Con todo, eso no significa que tengamos que ceder, solo que lo escuchemos y validemos.
- **Ridiculizar lo que sienten o dicen.** Comentarios como «Eso es una tontería» o «No digas bobadas» pueden parecer inofensivos, pero dañan la seguridad de los niños a la hora de expresarse. Si se sienten juzgados o avergonzados, se cerrarán más.
- **Fomentar solo la obediencia sin enseñarles a opinar.** No hay duda de que necesitamos que nos hagan caso, pero también es importante dejarles espacios donde puedan opinar, negociar y decidir. Si solo reforzamos la obediencia, será difícil que luego defiendan sus derechos sin miedo.
- **No predicar con el ejemplo.** Si nosotros no sabemos poner límites con respeto, ni expresar lo que pensamos sin herir, será muy difícil que ellos lo hagan. La asertividad se aprende con el ejemplo más que con las palabras.

RESUMEN

A veces, como padres y madres, sentimos que intentamos hacerlo todo bien: apoyamos a nuestros hijos, los cuidamos, les damos cariño..., pero aun así algo no termina de encajar. Los vemos inseguros, dependientes o con dificultades para expresarse. Y eso puede hacernos dudar: ¿estamos fallando en algo? En este capítulo hemos querido poner el foco en tres pilares fundamentales del desarrollo infantil: autoestima, autonomía y asertividad. Porque, si queremos que nuestros hijos se conviertan en personas seguras, responsables y capaces de defender sus ideas con respeto, tenemos que empezar desde casa y desde que son pequeños.

La infancia, especialmente hasta los doce años, es una etapa decisiva, pues va tomando forma la imagen que los niños tendrán de sí mismos. Por eso, más allá de repetirles que lo hacen bien, necesitamos ofrecerles experiencias que los hagan sentir capaces, escuchados y valiosos. Asignarles responsabilidades, dejar que se equivoquen, enseñarles a decir no y permitirles expresar sus emociones sin miedo es un regalo que se llevarán para toda la vida. En este capítulo te he acompañado con ejemplos reales, casos prácticos, errores comunes y pautas claras para que puedas fomentar en tu hijo una autoestima sólida, una autonomía real y una comunicación asertiva desde hoy mismo.

CONSEJOS PARA MADRES Y PADRES

- **Recuerda que tu hijo no nace con autoestima, autonomía ni asertividad.** Las aprende poco a poco, con tu ayuda.
- **Refuerza el esfuerzo más que el resultado.** Lo que importa no es que lo haga a la perfección, sino que se atreva a intentarlo.
- **Deja que actúe por sí mismo, aunque no haga las cosas como tú las harías.** Eso le da seguridad.
- **Asígnale pequeñas responsabilidades diarias según su edad.** Sentirse útil refuerza su confianza.
- **Enséñale a expresar lo que siente con respeto.** Trata de que ponga palabras a sus emociones y ayúdale a decirlas sin miedo.
- **Valida sus opiniones, aunque no estés de acuerdo.** Sentirse escuchado le hará más fuerte y seguro.
- **No lo sobreprotejas.** Proteger no es hacerlo todo por él, sino acompañar sin anular.
- **Ayúdale a decir no sin sentirse culpable y también a aceptar un no sin venirse abajo.**
- **Sé su ejemplo:** los niños aprenden más de lo que ven en casa que de lo que les decimos.
- **Y, sobre todo, cree en él.** Cuando un niño siente que sus padres confían en él, se atreve a brillar.

COMPRUEBA

Marca lo que has puesto en práctica esta semana:

- [ ] Lo he animado a intentarlo por sí mismo, aunque haya tardado más o no lo haya hecho muy bien.
- [ ] Le he dado alguna responsabilidad diaria adaptada a su edad.
- [ ] He reforzado su esfuerzo, no solo el resultado.
- [ ] Lo he escuchado con atención, sin interrumpir ni juzgar.
- [ ] Le he dejado tomar pequeñas decisiones (ropa, meriendas, actividades...).
- [ ] Le he ayudado a expresar cómo se siente, sin subestimar ni ridiculizar sus emociones.
- [ ] Le he mostrado cómo poner límites con respeto y decir no con seguridad.
- [ ] He evitado resolverle todo: lo he acompañado, pero no le he hecho las cosas.
- [ ] He sido su ejemplo: le he hablado con respeto incluso cuando yo estaba enfadado.
- [ ] Le he transmitido con palabras y gestos que confío en él y en lo que puede llegar a ser.

CAPÍTULO 7

¿Cuándo debo acudir a un profesional?

A lo largo del libro hemos mencionado varias señales que pueden hacernos sospechar que algo no va del todo bien en el desarrollo de nuestro hijo o hija. Y en este capítulo queremos detenernos con más calma en ese punto: ¿cómo saber si lo que le ocurre es parte de su evolución normal, o bien necesita ayuda profesional?

Normal es una palabra que usamos mucho, pero no siempre se entiende bien. Lo normal no siempre es lo más frecuente ni lo más deseable. Hay niños que se desarrollan de formas distintas, que tienen tiempos propios, y eso también puede ser válido y sano. No todo lo que se sale de la media es un problema.

Lo que sí debe alertarnos es cuando algo interfiere de forma significativa en su bienestar o en su vida cotidiana. Si una emoción, una conducta o una dificultad empieza a generar sufrimiento, malestar constante, aislamiento o problemas en casa, en el colegio o con otros niños, entonces puede ser el momento de consultar. No para etiquetar ni para diagnosticar por impulso, sino para analizar con más herramientas y poder acompañar mejor.

En los últimos diez años, la salud mental infanto-juvenil en España ha mostrado señales preocupantes. Antes de la pandemia, entre un 10 % y un 20 % de los niños y adolescentes presentaban algún trastorno mental. Desde 2020, las cifras han aumentado de forma drástica: la Asociación Española de Pediatría estima que hasta el 47 % de los menores podría estar mostrando problemas como ansiedad, depresión o conductas autolesivas. Además, según la fundación IDIS, el 20,8 % de los y las adolescentes de diez a diecinueve años ya ha recibido un diagnóstico relacionado con su salud mental.

Entre los más frecuentes figuran los trastornos de ansiedad y los problemas de conducta, presentes en aproximadamente el 13 % de los niños y niñas de entre cuatro y catorce años, con mayor incidencia en los más pequeños (de cuatro a nueve años). Esta realidad no solo supone un impacto emocional grave, sino también un reto para la adaptación en la escuela, la familia y el entorno social.

Ahora bien, no solo hay que pedir ayuda psicológica cuando sospechamos que nuestro hijo puede tener un trastorno o problema que tal vez sea grave. También debemos buscar apoyo por prevención o tan solo cuando sentimos que una situación concreta nos supera como padres. No tenemos por qué esperar a que el problema estalle: si no sabes cómo manejar una etapa, un cambio o una reacción de tu hijo, acudir a un profesional también es una forma de cuidarlo. La detección precoz no solo ayuda a tratar lo que está pasando, sino que previene complicaciones futuras y fortalece la resiliencia del niño.

A veces los niños y niñas no pueden poner en palabras lo que sienten, pero su malestar se manifiesta en su conducta, en su forma de relacionarse o en cambios en su estado de ánimo. Como padres y madres, podemos detectar ciertas señales que nos indiquen que algo no va bien. No se trata de entrar en pánico ante el primer cambio, pero sí de observar con atención y buscar orientación si varios de estos signos se mantienen en el tiempo o afectan de manera significativa a su bienestar o su día a día.

Comparto algunas de las señales más frecuentes de que un niño podría estar atravesando un momento de malestar emocional:

SIGNOS DE MALESTAR PSICOLÓGICO EN EL NIÑO

Cambios en el comportamiento y la comunicación

- Responde con rabietas o explosiones emocionales muy intensas ante peticiones cotidianas. No hablamos de una simple pataleta: reacciones fuera de lo esperable para su edad o la situación.

- No responde a su nombre o a instrucciones sencillas, incluso en situaciones donde antes lo hacía. Esto puede indicar una desconexión emocional o un bloqueo que merece atención.
- Ignora de forma sistemática a las figuras adultas de referencia, como si estuviera en su propio mundo, evitando cualquier vínculo o guía.

Conductas agresivas
- Muestra conductas de agresividad elevada hacia otros niños, adultos, objetos o incluso hacia sí mismo (autoagresiones, como morderse).

Conductas regresivas
- Regresiones en habilidades ya adquiridas: vuelve a hacerse pis, quiere hablar como un bebé, necesita dormir con sus padres cuando antes dormía solo. Estas conductas pueden ser una forma de buscar seguridad en momentos de inseguridad emocional.

Cambios en el estado de ánimo o la motivación
- Pérdida de energía, entusiasmo o interés por cosas que antes disfrutaba, como jugar, dibujar o ir al parque. Se muestra apático, desmotivado o desconectado.
- Cambios en el apetito o en el sueño, ya sea por exceso o por defecto, sin una causa física evidente.
- Se aísla de su entorno, evita pasar tiempo con la familia, se encierra en su habitación o dice que no quiere salir de casa.
- Dice frases que conllevan desvalorización o tristeza, como «Nadie me quiere», «Soy malo» o «Mejor estaría solo», o incluso pensamientos más graves, como «Ojalá desapareciera». Estos comentarios siempre deben tomarse en serio.

Recuerda que todos los niños y niñas pueden tener días malos o épocas en las que estén más sensibles o irascibles, especialmente si están pasando por algún cambio importante (nacimiento de un hermano, cambio de colegio, separación de los padres...). Sin embargo, si estas señales aparecen con frecuencia, se intensifican o interfieren en su desarrollo y bienestar, es momento de consultar con un profesional de la salud mental infantil.

Pedir ayuda no significa que hayas fallado como madre o padre. Significa que tratas a tu hijo con atención y que te importa su salud emocional tanto como la física. A veces, una intervención a tiempo puede evitar que un problema pequeño se haga más grande.

CUANDO EL MALESTAR LIMITA LA VIDA DE NUESTROS HIJOS

Uno de los criterios más importantes para valorar si es necesario acudir a un profesional es observar si el malestar emocional que está experimentando nuestro hijo interfiere en su vida cotidiana; es decir, si empieza a limitar lo que hace, lo que disfruta o las relaciones que mantiene.

Por ejemplo, todos los niños pueden sentir miedo en algún momento, y eso es completamente normal. Pero si ese miedo persiste y es tan intenso que le impide ir a casa de un amigo a jugar, dormir fuera o participar en una excursión escolar, entonces ya no estamos hablando de un miedo adaptativo, sino de uno que limita su desarrollo social y emocional.

Lo mismo ocurre con la tristeza, el enfado o la ansiedad: si un niño deja de querer salir de casa, ya no se interesa por actividades que antes le entusiasmaban, evita ir al colegio o sufre con los cambios de rutina de una forma excesiva, es importante no pasarlo por alto. Porque ese malestar no solo le impide disfrutar de su infancia, sino que puede afectar también a su autoestima, a su aprendizaje y a sus vínculos afectivos.

Otras formas en que el malestar puede limitar la vida del niño

- Dificultades en el aprendizaje. Un niño con ansiedad, baja autoestima o una tristeza persistente puede tener problemas para concentrarse, prestar atención o rendir en el colegio, no porque no quiera, sino porque su estado emocional se lo impide. A veces, detrás de un «No se esfuerza» o «Se distrae mucho», hay un malestar que no se ha verbalizado.
- Problemas de sueño o alimentación. Cuando las emociones se desbordan, el cuerpo también lo siente. Algunos niños dejan

de dormir bien, tienen pesadillas constantes o sufren insomnio. Otros pierden el apetito o comen en exceso. Estos cambios, cuando son persistentes, pueden ser un reflejo de que algo no va bien.

- Evita situaciones sociales. Si tu hijo empieza a evitar cumpleaños, actividades extraescolares, excursiones o juegos con otros niños por vergüenza, miedo o incomodidad, no lo tomes como una simple timidez. A veces hay un fondo de inseguridad, ansiedad o miedo al rechazo que necesita ser abordado con más profundidad.

- La dinámica familiar se ve afectada. El malestar de un hijo también impacta en el ambiente del hogar. Cuando las rutinas diarias se vuelven difíciles, los conflictos aumentan o los padres sienten que tienen que andar con pies de plomo para no generar una reacción, es una señal de que el equilibrio familiar está desajustado.

- Evita o rechaza el colegio. Uno de los signos más claros de que algo interfiere en su vida cotidiana es el rechazo al colegio. Si cada día se convierte en una lucha, si aparecen dolores físicos sin causa médica (dolor de tripa, de cabeza), puede estar expresando con su cuerpo un malestar emocional que no sabe cómo nombrar.

MALESTAR EN LA FAMILIA

Quiero tratar aparte el malestar que puede surgir en la familia, porque muchas veces nos centramos solo en el niño y olvidamos el contexto. La familia es el entorno más influyente en la vida de un niño y lo que ocurre en su seno (para bien o para mal) deja huella.

A veces no es el niño o la niña quien tiene un problema, sino que está reaccionando a un entorno familiar estresante, tenso o emocionalmente descontrolado. Porque lo que le pasa a uno le afecta al resto. La última de mis intenciones es culpabilizar a nadie. Tan solo quiero que entendamos que el bienestar infantil no puede ir desligado del bienestar familiar.

Hay momentos en la crianza en los que los padres estamos agotados. No dormimos bien, trabajamos demasiado, arrastramos preocupaciones económicas, personales o de pareja... Y todo eso, aunque no lo digamos en voz alta, tiene implicaciones en el ambiente familiar. Lo nota el niño, aunque no entienda bien qué pasa. Lo nota cuando estamos más irascibles, más tristes, más ausentes o menos disponibles en el terreno emocional.

Me gustaría trasladar un mensaje importante: a veces, los que necesitamos ayuda somos los adultos. Pedir ayuda no significa haber fallado, ni que no seamos buenos padres. Significa reconocer que estamos sobrepasados, que no podemos con todo, que nos sentimos solos o que la carga emocional que soportamos empieza a ser insostenible.

Cuando un adulto pide ayuda para sí, también está enseñando a sus hijos algo muy valioso: que no pasa nada por necesitar apoyo, que conviene cuidar las emociones y que no hay que fingir estar bien todo el tiempo. Es un acto de valentía y de responsabilidad afectiva.

Además, no podemos olvidar que las tensiones familiares que se mantienen en el tiempo (gritos, silencios, enfados sin resolver, falta de comunicación o afecto) generan un clima que influye directamente en el desarrollo emocional del niño. Aunque intentemos protegerlo sin abordar con él lo que ocurre, ellos lo perciben. Los niños no siempre entienden lo que pasa, pero sí perciben el ambiente.

En otros casos, el malestar familiar no es puntual, sino que se cronifica. Hay dinámicas de relación que generan un sufrimiento constante: cuando uno de los progenitores padece ansiedad o depresión, si tienen lugar discusiones frecuentes entre los padres, en caso de que se produzca una separación mal gestionada, un duelo mal gestionado, una enfermedad crónica en la familia... Todas estas situaciones requieren acompañamiento psicológico, porque, si no se atienden, acaban afectando al equilibrio de todos los miembros.

Numerosas investigaciones recientes han demostrado que el bienestar emocional de los padres está estrechamente relacionado con la salud mental de sus hijos. Un estudio de Mariani Wigley *et al.* (2022), publicado en *BMC Psychiatry*, reveló que los niños cuyos padres sufrían altos niveles de malestar psicológico tenían muchas más probabilidades de mostrar síntomas de ansiedad, alteraciones del sueño y dificultades en la conducta. Más aún, el impacto emocional del malestar de los cuidadores era más decisivo incluso que algunos factores socioeconómicos.

Por eso, este capítulo no solo habla de cuándo pedir ayuda para los hijos, sino también para uno mismo. Porque, cuando un padre o una madre se cuida, el niño también se beneficia. Porque, cuando hay armonía en el entorno familiar, todo fluye mejor. Y porque, como siempre digo, no se trata de ser perfectos, sino de ser lo suficientemente conscientes como para pedir ayuda cuando la necesitamos.

RESUMEN

Este capítulo nos recuerda que no todo malestar en la infancia implica un problema psicológico. Ahora bien, debemos prestar atención cuando algo interfiere de forma significativa en la vida cotidiana del niño o en el bienestar familiar. Los problemas de salud mental infantil no siempre se manifiestan con síntomas claros y muchas veces los cambios en la conducta o las emociones nos indican que algo no va bien. Por eso, es importante observar con atención y, sin alarmismo alguno, no mirar hacia otro lado.

Pedir ayuda profesional no es un fracaso, sino un acto de responsabilidad. No solo cuando se sospecha de un trastorno, sino también cuando hay dudas, preocupaciones, situaciones difíciles de manejar o un malestar que empieza a afectar la dinámica familiar. El acompañamiento terapéutico puede ser una guía valiosa para el niño y también para los padres, pues permite recuperar el equilibrio emocional y encontrar nuevas formas de acompañar. En definitiva, pedir ayuda a tiempo es cuidar, prevenir y crecer.

CONSEJOS PARA MADRES Y PADRES

- **Confía en tu intuición.** Si sientes que algo no va bien, aunque no puedas ponerle nombre, presta atención. Los padres y madres solemos captar las señales mucho antes que cualquier test.
- **Observa sin juzgar.** Cambios bruscos en el estado de ánimo, el sueño, la alimentación o la forma de relacionarse pueden ser señales importantes. No los subestimes ni exageres.
- **No esperes a que el problema sea grave.** Muchas veces pedir ayuda a tiempo evita que algo pequeño se convierta en algo mayor. La prevención también es parte de la salud mental.
- **Cuida el ambiente familiar.** El bienestar del niño no puede separarse del clima emocional que se vive en casa. Si hay tensiones constantes, es importante abordarlas.
- **Habla con otros adultos que conocen al niño.** Profesores, cuidadores o familiares pueden ayudarte a tener una visión más completa sobre lo que está pasando.
- **Evita las comparaciones.** Cada niño tiene su propio ritmo de desarrollo. En vez de comparar, enfócate en lo que necesita tu hijo.
- **No tengas miedo a un posible diagnóstico.** Con todo, acudir a un profesional no significa que haya que diagnosticar. Muchas veces basta con unas pocas sesiones de orientación para retomar el rumbo.
- **Cuídate tú también.** Si estás desbordado emocionalmente, buscar apoyo es una forma de cuidar también a tu hijo. No tienes que poder con todo tú solo.
- **Normaliza la ayuda psicológica.** Habla con tu hijo (según su edad) de forma natural sobre la posibilidad de ir al psicólogo; no como un castigo, sino como una ayuda.
- **Recuerda: pedir ayuda no es rendirse, es actuar.** Los niños que cuentan con el acompañamiento emocional de adultos que saben cuándo pedir apoyo crecen con más herramientas para afrontar la vida.

COMPRUEBA

Revisa esta lista con calma. No hace falta cumplir todos los puntos para que te recomiende consultar con un profesional; si te sientes identificado con varios de ellos, no te lo pienses.

☐ Mi hijo o hija ha cambiado de estado de ánimo o comportamiento de forma significativa (está más triste, irritable o apático de lo habitual).

☐ Tiene dificultades para relacionarse con otros niños o se aísla de manera constante.

☐ Ha perdido el interés por actividades que antes le gustaban.

☐ Tiene miedos muy intensos que interfieren en su día a día (por ejemplo, no quiere salir de casa, dormir solo o ir al colegio).

☐ Tiene reacciones desproporcionadas a situaciones cotidianas (explosiones de ira, llantos intensos, agresividad o autoagresiones).

☐ Ha desarrollado conductas regresivas sin causa clara (vuelve a hacerse pis, habla como un bebé o necesita estar todo el tiempo con un adulto, por ejemplo).

☐ Su malestar está interfiriendo en su rutina (colegio, amigos, familia).

☐ En casa hay tensiones constantes que afectan al clima familiar y al bienestar de todos.

☐ Como padre o madre, me siento sobrepasado emocionalmente y sin recursos para manejar la situación.

☐ Siento que necesito orientación para acompañar mejor a mi hijo, pero no sé por dónde empezar.

* Esta lista no pretende en absoluto servir de diagnóstico, pero puede ser el empujón que necesitas para dar el paso y pedir ayuda.

Epílogo

Si has llegado hasta aquí, es porque el bienestar de tus hijos y de tu familia te importa. **Porque, a pesar del cansancio, de las dudas y de los días en los que sientes que no puedes más, sigues buscando cómo hacerlo mejor. Eso dice mucho de ti.** Ser padre o madre no es fácil. No lo ha sido nunca. Pero hoy, entre tanta exigencia externa e interna, tantas voces que nos dicen cómo deberíamos hacerlo, a veces resulta abrumador.

Este libro no busca darte una fórmula ideal. Básicamente porque no existe. Cada niña y niño es único, y cada familia también. Pero sí quería darte herramientas, ideas, reflexiones y, sobre todo, acompañamiento para que no sientas que estás criando solo o sola. Porque a veces lo que más necesitamos no es una solución mágica, sino que alguien nos diga: «Te entiendo. A mí también me pasa. Y lo estás haciendo mejor de lo que crees».

Quizás a lo largo de estos capítulos te has sentido identificado con situaciones difíciles: rabietas, enfados, inseguridades, rutinas que no se cumplen, momentos de desesperación. Y es que todos pasamos por ahí. Porque criar es hermoso, sí, pero también agotador. Hay días en los que sientes que no puedes más, que tu hijo no te escucha, que has perdido la paciencia mil veces... y aun así sigues. Sigues levantándote cada mañana para darlo todo.

Antes de terminar, me gustaría recordarte algo importante. **Lo que a veces consideramos fallos o errores son, en realidad, oportunidades de aprendizaje, tanto para nosotros como para nuestros hijos.** Son oportunidades para volver a intentarlo, para pedir perdón cuando nos equivocamos y para aprender juntos cada día. Lo esencial es acompañar a nuestros hijos día a día, reconocer nuestros propios errores y tener la paciencia de intentarlo de nuevo. Aprender junto a ellos, con los aciertos y equivocaciones inevitables, con cariño y dedicación, incluso cuando estamos cansados, es lo que realmente importa. Lo que más necesitan es sentir nuestra presencia, que los escuchamos y que los queremos incondicionalmente. Es cierto que todos cometemos errores, pero también lo es que siempre estamos a tiempo de cambiar, de enmendar, de hacerlo de otra forma. No con un sentimiento de culpa, sino de amor consciente.

Así que, si estás sobrepasado, si sientes que ya no sabes qué más hacer, si a veces piensas que estás fallando, para un momento. Respira. Mira a tu hijo. **Y recuerda: tú eres su figura más importante. Su lugar seguro. Su persona favorita. Incluso en los días malos.**

Este libro no pretende hacer de ti un padre o madre ideal, sino recordarte que la crianza real se afronta con presencia, amor, tropiezos y aprendizajes. Que, aunque tengas dudas, aunque a veces grites, aunque no siempre sepas qué hacer, sigues ahí. Y eso tiene un valor incalculable.

Ojalá estas páginas te hayan hecho sentir acompañado y también te hayan ayudado a aliviar esa culpa que a veces aparece. Ojalá te hayan dado ideas prácticas, pero también un abrazo simbólico. Porque todos necesitamos uno de vez en cuando en este camino, el de la crianza. Porque los niños no vienen con manual (aunque este pretende servirte de guía), pero tú sí vienes con amor. Y eso es lo que te sostiene en el camino.

Referencias bibliográficas

Asociación Española de Pediatría (AEP). (2024). Actualización del Plan Digital Familiar [Informe técnico]. https://www.aeped.es/sites/default/files/20241205_ndp_aep_actualizacion_plan_digital_familiar_def.pdf

Baumrind, D. (1967). «Child care practices anteceding three patterns of preschool behavior», *Genetic Psychology Monographs*, 75, 43-88.

Berk, L. E. (2018). *Desarrollo del niño y del adolescente* (9.ª ed.). Pearson Educación.

Bermúdez Sánchez, M. P. & Bermúdez Sánchez, A. M. (2004). *Manual de psicología infantil: aspectos evolutivos e intervención psicopedagógica*. Biblioteca Nueva.

Brown, B. (2015). *Rising Strong*. Spiegel & Grau.

Center on the Developing Child. (2021). *Resilience and the impact of supportive relationships*. Harvard University. https://developingchild.harvard.edu/resources/what-is-resilience/

Center on the Developing Child at Harvard University. (2021). *Building the brain's "air traffic control" system: How early experiences shape the development of executive function*. https://developingchild.harvard.edu/

Ciencia Latina. (2024). *Bullying: Definición y características del acoso escolar*. https://ciencialatina.org/bullying-definicion-caracteristicas

Davidov, M., Knafo-Noam, A., Serbin, L. A. & Moss, E. (2017). «The influence of parental empathy on children's emotion regulation: A longitudinal study from early childhood to preadolescence», *Developmental Psychology*, 53(7), 1144-1156. https://doi.org/10.1037/dev0000305

Educo & Universidad Pontificia Comillas. (2024). *Violencia sexual contra la infancia y la adolescencia en España. Análisis de los datos de la encuesta sobre prevalencia 2023*. Educo. https://educo.org

Ezpeleta, L. (ed.). (2012). *Tratamiento paso a paso de los problemas psicológicos en la infancia y adolescencia*. Pirámide.

Fonseca, C. (2019). *What if it's not a phase? Understanding and supporting your child through childhood fears and anxieties*. Jessica Kingsley Publishers.

Fundación ANAR. (2024). *Estudio sobre acoso escolar y ciberbullying en España*. Fundación ANAR y Fundación Mutua Madrileña.

Fundación IDIS. (2022). *Informe sobre el estado de la salud mental en España*. https://www.fundacionidis.com/informe-salud-mental

García, A., & González, M. (2020). «Importancia de las rutinas en la infancia para el desarrollo emocional y social», *ResearchGate*. https://doi.org/10.13140/RG.2.2.25639.21922

George, M. J., Russell, M. A. & Odgers, C. L. (2023). «Associations between screen time and children's mental health symptoms: A longitudinal study», *BMC Psychology*, 11, Article 240. https://doi.org/10.1186/s40359-023-01240-0

Gómez, P. & Martínez, L. (2021). «Trastornos emocionales en la infancia: una revisión sistemática», *Revista Española de Salud Pública*, 95(4), 1-10. https://scielo.isciii.es/article_url

González, A. (2019). *Educar en casa. Guía para fomentar la autonomía infantil*. Desclée de Brouwer.

Grolnick, W. S. & Farkas, M. (2002). «Parenting and the development of self-regulation». En M. H. Bornstein (ed.), *Handbook of parenting* (vol. 5, pp. 89-110). Lawrence Erlbaum Associates.

He, Y. & Chen, Y. (2021). «Children's emotion regulation strategies and their relationships with frustration tolerance: A study of preschoolers», *Frontiers in Psychology*, 12, Article 630019. https://doi.org/10.3389/fpsyg.2021.630019

López Hernáez, L. (2018). *Acoso escolar: definición, características, causas-consecuencias, familia como agente clave y prevención-intervención ecológica*. Ediciones Pirámide.

Mariani Wigley, I., Marsili, L., Nicolais, G., Esposito, C. & Dell'Osso, L. (2022). «Parental psychological distress and child mental health: A longitudinal population-based study», *BMC Psychiatry*, 22(1), 165. https://doi.org/10.1186/s12888-022-03813-3

Méndez Carrillo, F. X. (1999). *Miedos y temores en la infancia: ayudar a los niños a superarlos.* Ediciones Pirámide.

Méndez Carrillo, F. X., Espada Sánchez, J. P. & Orgilés Amorós, M. (2008). *Ansiedad por separación: psicopatología, evaluación y tratamiento.* Ediciones Pirámide.

Mikolajczak, M., Raes, M.-E., Avalosse, H. & Roskam, I. (2018). «Exhausted parents: Sociodemographic, child-related, parent-related, parenting and family-functioning correlates of parental burnout», *Journal of Child and Family Studies*, 27(2), 602-614. https://doi.org/10.1007/s10826-017-0892-4

Mischel, W. (2014). *The marshmallow test: Mastering self-control.* Little, Brown and Company.

Murray, K. W. & Thompson, R. A. (2009). «Emotion Regulation and Child Psychopathology». En *Child and Adolescent Psychopathology* (pp. 129-164). Wiley.

National Institute of Child Health and Human Development (NICHD). (2006). *Early child care and youth development study findings at age 15.* U.S. Department of Health and Human Services.

Orgilés, M. & Méndez, F. X. (2009). *Manual de psicología clínica infantil y del adolescente: trastornos específicos.* Pirámide.

Orth, U. & Robins, R. W. (2013). «Understanding the link between low self-esteem and depression», *Current Directions in Psychological Science*, 22(6), 455-460. https://doi.org/10.1177/0963721413492763

Parent, J. *et al.* (2018). «The role of parental mindfulness in parenting stress and child behavior», *Journal of Child and Family Studies*, 27(4), 1234-1245. https://doi.org/10.1007/s10826-018-01025-0

Potegal, M., & Davidson, R. J. (2003). Temper tantrums in young children: 1. Behavioral composition. *Journal of Developmental and Behavioral Pediatrics, 24*(3), 140-147.

Reyes Moncayo, D. & Morán Salcán, R. (2024). «Desarrollo de la tolerancia a la frustración en la infancia y su relación con la regulación emocional», *Revista Española de Psicología Educativa*, 15(1), 45-59.

Satter, E. (2012). *Child of mine: Feeding with love and good sense* (2.ª ed.). Bull Publishing Company.

Shonkoff, J. P. & Phillips, D. A. (2000). *From neurons to neighborhoods: The science of early childhood development.* National Academy Press.

Siegel, D. J. & Bryson, T. P. (2012). *El cerebro del niño: 12 estrategias revolucionarias para cultivar la mente en desarrollo de tu
hijo*. Alba Editorial.

Siegel, D. J. & Bryson, T. P. (2016). *Disciplina sin lágrimas. Una
guía imprescindible para orientar y alimentar el desarrollo mental de tu hijo*. Alba Editorial.

Sowislo, J. F. & Orth, U. (2013). «Does low self-esteem predict depression and anxiety? A meta-analysis of longitudinal studies»,
Psychological Bulletin, 139(1), 213-240. https://doi.org/10.1037/
a0028931

Spagnola, M. & Fiese, B. H. (2007). «Family routines and rituals: A
context for development in the lives of young children», *Infants
& Young Children*, 20(4), 284-299. https://doi.org/10.1097/01.
IYC.0000290352.32170.5a

Talwar, V. & Lee, K. (2008). «Social and cognitive correlates of children's lying behavior», *Child Development*, 79(4), 866-881.

Valenzuela-Aparicio, Y., Olivares-Sandoval, S., Figueroa-Ferrer, E.,
Carrillo-Sierra, S. & Hernández-Lalinde, J. (2023). «Relación de
la inteligencia emocional y acoso escolar en adolescentes», *Revista Electrónica Educare*, 27(1), 1-16. https://doi.org/10.15359/
ree.27-1.15859

Volling, B. L., Yu, T., Gonzalez, R., Kennedy, D. E., Rosenberg, L.,
Oh, W., & Stevenson, M. M. (2014). Children's responses to the
birth of a sibling: Jealousy, conflict, and cooperation. *Journal of
Family Psychology, 28*(5), 634-644. https://doi.org/10.1037/
fam0000010

Worden, J. W. (1996). *Children and grief: When a parent dies*. Guil-
ford Press.